MAZZESINSEL
KOCHBUCH

KATJA SINDEMANN

MAZZESINSEL KOCHBUCH

**KULINARISCHE STREIFZÜGE
DURCH DAS JÜDISCHE WIEN**

METROVERLAG

**FOTOS VON
CHRISTINE WURNIG**

INHALT

NICHT SCHON WIEDER GEFILTE FISCH!
7

GESCHICHTE DER JÜDISCHEN KÜCHE IN WIEN
19

JÜDISCHES WIEN HEUTE
29

WAS IST KOSCHER?
39

SCHABBAT
47

DAS JÜDISCHE JAHR
70

ROSH HASHANA
71

JOM KIPPUR
85

SUKKOTH
93

CHANUKKA
103

PURIM
113

PESSACH
123

SCHAWUOTH
135

REZEPTREGISTER
155

AUSGEWÄHLTE ADRESSEN
156

LITERATURHINWEISE
157

MAZZESINSELKOCHBUCH

NICHT SCHON WIEDER GEFILTE FISCH!

NICHT SCHON WIEDER GEFILTE FISCH!

Die Hauptfrage, die gleich zu Anfang gestellt werden muss, ist, ob es überhaupt eine jüdische Küche gibt. Diese Frage wird in jüdischen Kreisen selbst lebhaft und kontrovers diskutiert, nach dem Motto: „Zwei Juden, drei Meinungen". Die eine Fraktion behauptet, es gäbe keine jüdische Küche. Denn was beispielsweise Juden in Wien als traditionell-religiöse Speisen essen, unterscheidet sich gänzlich von dem, was äthiopische, jemenitische, indische oder nordafrikanische Juden zubereiten. Die Küche der Aschkenasen, also jener deutsch bzw. jiddisch sprechenden Juden, die seit dem Mittelalter in Mittel- und Osteuropa beheimatet sind, ist wesentlich anders als die ihrer sephardischen Glaubensbrüder, jener Juden, die auf der Iberischen Halbinsel ansässig waren und nach der Reconquista 1492 von dort nach Nordafrika, ins Osmanische Reich oder in den Nahen Osten zogen. Juden haben sich auf ihren Wanderungen und in der Diaspora immer dem regionalen Warenangebot und Speisezettel angepasst. Die andere Fraktion argumentiert, dass, wohin Juden auch zogen, sie immer ihre traditionellen Rezepte mitnahmen, die sich über die Jahrhunderte hinweg erhielten und von der lokalen Küche unterschieden. Arme Juden aus dem osteuropäischen Schtetl haben Bagel (rundes Hefegebäck) und Borscht (Rote-Rüben-Suppe) bei ihrer Auswanderung in die USA mitgenommen und dort zu einem unverzichtbaren Bestandteil der amerikanischen Küche gemacht. Die typische, weil preisgünstige Schabbatspeise jiddischer Küche, der Gefilte Fisch, ist durch Einwanderer aus Osteuropa nach Israel gekommen und dort zu einem nationalen Statement mutiert. Wehe dem sephardischen Juden, der wagt, an diesem Heiligtum zu rütteln! In der Knesset, dem israelischen Parlament, hat es politische Debatten über Sinn und Wert des Gefilten Fischs gegeben. Nicht zu vergessen, dass Israel aufgrund dessen über eine veritable, exportträchtige Fischzucht verfügt. Der „Gefilte Fisch" ist zu einem Codewort für die jüdische Küche oder das Judentum schlechthin geworden. Als ich dem bekannten österreichisch-jüdischen Schriftsteller Robert Schindel von diesem Buchprojekt erzählte, stöhnte er entsetzt: „Nicht schon wieder Gefilte Fisch!"

NICHT SCHON WIEDER GEFILTE FISCH!

An den Speisen, die in einem jüdischen Haushalt auf den Tisch kommen, kann man die geografisch-historischen Wurzeln der Familie erkennen. Wenn in einem kleinen Dorf mitten in Israel Gugelhupf und Linzer Schnitte serviert werden, weiß man ungeschaut, dass man es mit Nachfahren aus der habsburgischen Donaumonarchie zu tun hat. Hingegen waren die exotischen Speisen ägyptischer Juden (vielleicht noch mit syrisch-osmanischen Vorfahren), die nach der Suez-Krise 1956 nach London flüchteten, ihren Nachbarn derart suspekt, dass diese nachfragten, ob es sich bei den Neuankömmlingen tatsächlich um Juden handelte. Wenn die jüdische Küche mit viel Zwiebeln und Knoblauch kocht, geht dies vermutlich bis auf die Zeit ihrer Gefangenschaft in Ägypten im zweiten Jahrtausend vor Christus zurück. Über jüdische Handelsbeziehungen, die über die Seidenstraße bis nach China reichten, wurden gekochte Teigwaren, sprich Nudeln in Form langer Bänder oder gefüllter Teigtaschen, nach Europa importiert – rund 400 Jahre vor Marco Polo. Wer von uns weiß noch, dass kandierte Rosenblüten und Rosenkonfitüre, die jahrhundertelang von Nachfahren spanischer Juden in Europa gekocht wurden, gegen Lungen- und Bronchienleiden helfen?
Essen ist im Judentum immer mehr gewesen als nur die Zubereitung und Einnahme von Lebensmitteln. Kochen ist mit Tradition, Identität, Nostalgie, Erinnerung, Wehmut und Familie verbunden. Da Juden immer wieder ihre Heimat verlassen mussten, war es durch Vertreibung oder berufliche Erfordernisse, war das angestammte Essen das einzige, was sie in der Fremde mit ihrer Vergangenheit verband. Da im Judentum Matrilinearität, also Herkunft, Religions- und Traditionsweitergabe über die Mutter, sehr hoch geschätzt wird, werden auch die Rezepte von Mutter zu Tochter mit Ehrfurcht überliefert. Der Wert und die unangefochtene familiäre (Macht-)Position einer jüdischen „Mame" sind Gegenstand zahlreicher Bücher, Filme und Fernsehserien. In der Kurzgeschichte „Franny und Zooey" des amerikanischen Autors J. D. Salinger versucht die jüdisch-irische Mutter Bessie, den Nervenzusammenbruch ihrer Tochter mit einem Teller kräftiger Hühnerbrühe zu heilen. Denken wir an die jüdische „Nanny" Fran Fine und deren voluminöse Mut-

ter, die allen Widrigkeiten des Lebens mit der Zuflucht zum Essen begegnen. Erinnern wir uns an die heiratswütige Charlotte aus „Sex and the City", wie sie verzweifelt versucht, für ihren Harry ein jüdisches Essen zu kochen.

Ohne den Streit, ob es nun eine eigene jüdische Küche gibt oder nicht, definitiv entscheiden zu wollen, kann man doch sagen, dass es typische Rezepte gibt, die untrennbar mit dem Judentum assoziiert werden. Die Challah (geflochtener Mohnstritzel) ist die wichtigste rituelle Speise für den Schabbat, den jüdischen Ruhetag. Die Goldene Jouch, bei Nichtjuden schlicht und ergreifend Hühnersuppe genannt, ist ein Essen, das an keinem jüdischen Feiertag fehlen darf. Holischkes gibt es speziell an Sukkoth, dem Laubhüttenfest. Wer mit dem Begriff nichts anfangen kann, wird sich jedoch mit Freuden an die gefüllten Krautrouladen der Großmutter erinnern. Die griechischen oder levantinischen gefüllten Weinblätter (Dolmates) sind damit eng verwandt. Auch Latkes, die traditionelle Speise zu Chanukka, kennen wir einfach als Erdäpfelpuffer. Sie werden genauso mit Apfelmus serviert wie es in der deutschen Küche üblich ist. Zahlreiche Geschichten, Anekdoten und Legenden ranken sich um den Tscholent, auch Schalet genannt, das Eintopfgericht aus Bohnen, Getreide und/oder Fleisch für den Schabbat, der stundenlang über Nacht im Ofen vor sich hin köchelt. Selbst wer von sich behauptet, noch nie einen jüdischen Tscholent gegessen zu haben, kennt vielleicht einen französischen Cassoulet. Das mexikanische Chili con Carne oder der indische Dal werden nach der gleichen Machart zubereitet. Und österreichische Specklinsen mit Knödel sind im Prinzip ähnlich.

Womit wir nun langsam nach Österreich kämen. Immerhin soll es in diesem Buch um die jüdische Küche in Wien gehen. Wie wir alle wissen, ist Wien schon immer ein „Melting pot", ein Schmelztiegel verschiedener Völker und Nationen gewesen. Das spiegelt sich auch in der Wiener Küche wider: Schnitzel aus Italien, Gulasch aus Ungarn, Mehlspeisen und Knödel aus Böhmen, Suppenrezepte aus Frank-

reich, Bohnengerichte aus Serbien, Kaffee von den Osmanen, Karpfenrezepte aus Polen, Erdäpfel sprich Kartoffeln aus Preußen, Bier aus Tschechien und so weiter. Der Strudel mit seinen verschiedenen Füllungen, Synonym für die Wiener Küche, war zuerst bei den Arabern bekannt. Durch die Janitscharen, die 1683 die Donaumetropole belagerten, kam das erste Strudelrezept nach Wien. Dass der kulinarische Klassiker der Kaiserstadt das Rindfleisch ist, liegt daran, dass seit dem Mittelalter wilde Rinder aus der ungarischen Puszta Richtung Mitteleuropa getrieben wurden. Wien war die erste größere Station am Wegesrand. Vor dem östlichen Tor, auf der Schlagbrücke (Schwedenbrücke), der einzigen Verbindung über die Donau, wurden die Rinder geschlagen, also geschlachtet. Die Hausfrauen eilten herbei, sich das billige Rindfleisch zu sichern. Zum qualitativ guten Fleisch kam immer auch eine Zuwaage, also eine Portion Eingeweide und Wadschunken (Wade/Haxe) hinzu. Kein Wunder, dass der Wiener ein Meister in der Verwertung der verschiedenen Fleischteile ist und zahlreiche Rindfleischrezepte entstanden. Da gekochtes Rindfleisch eine tägliche Leibspeise von Kaiser Franz Joseph I. war, fand es unwiderruflich Eingang in die gutbürgerlichen Haushalte.

Wenn wir die Rezepte jüdischer Kochbücher unter die Lupe nehmen, werden wir feststellen, dass viele der Alt-Wiener Küche bzw. dem Raum der Donaumonarchie entstammen. Borscht, warme oder kalte Suppe aus Roten Rüben, stammt aus Galizien, der Ukraine, Polen, Rumänien und Russland. Die jiddischen Blintzes, auch Plintzes, Blinsen oder Blini genannt, sind bei uns besser bekannt als Palatschinken. Rugelach oder Rogalach, kleine, aus Dreiecken gerollte Hörnchen mit süßer Fülle, entsprechen den österreichischen Kipferln. Und die Sufganiot zu Chanukka sind schlicht und ergreifend Krapfen.

Um zu verstehen, wie sich jüdische und Wiener Küche wechselseitig beeinflusst und bereichert haben, ist es hilfreich, einen Blick in die Geschichte der Juden in Wien, Österreich und Osteuropa zu werfen.

NICHT SCHON WIEDER GEFILTE FISCH!

Denn die jüdische Küche ist in weiten Teilen eine osteuropäische, das heißt jener Juden, die in Ländern wie Polen, Russland, der Ukraine, Rumänien, den baltischen Staaten und Moldawien im berühmten Schtetl, dem abgesonderten Ghetto in kleinen und größeren Provinzstädtchen, das sich meistens durch Ärmlichkeit – um nicht zu sagen bittere Armut – auszeichnete, auf engem Raum miteinander lebten und ihre Tradition, Religion und Sprache über Jahrhunderte hinweg bewahrten. Da diese jüdischen Gemeinschaften immer wieder durch Pogrome zur Auswanderung gezwungen wurden, nahmen sie ihre spezifischen Rezepte mit nach Wien, Nord- und Südamerika, Kanada, Australien und Israel. So kann man mitten in Melbourne in einem Café Holischkes, Borscht und Käseblintzes essen, weil die „Baleboste", die Wirtin, aus Polen stammt. In jüdischen Restaurants in Havanna bekommt man Tscholent und Gefilte Fisch, weil viele Juden in Kuba ursprünglich aus Litauen oder Rumänien kamen.

Heutzutage enthält die jüdische Küche in Wien auch viele sephardische Akzente, sprich mediterrane und orientalische Gerichte. Mittlerweile leben etliche Israelis in Wien, sei es, weil sie österreichische Wurzeln, sei es, weil sie sich hier verheiratet haben, beruflich hier tätig oder auf ihrer Durchreise „hängen geblieben" sind. Sie haben die Küche Israels mitgebracht: Chumus (Kichererbsenbrei), Falafel (frittierte Kugeln aus Kichererbsen), Techina (Sesampaste) oder Baba Ganusch (Melanzanipaste), zusammen mit Pita (Fladenbrot) genossen. Auch Schischlikim, Grillspieße mit Lamm- oder Rindfleisch, sind typisch. Da diese Speisen auch beim kulinarisch verwöhnten Wiener großen Anklang finden, haben entsprechende Lokale regen Zulauf.

Natürlich darf auch ein Kapitel über die jüdischen Speisevorschriften nicht fehlen. Auch wenn es für jede Schickse (christliche Frau, Nichtjüdin) als Wahnsinn erscheint, mit zwei Kühlschränken, Geschirrspülern, Abwaschbecken und zwei verschiedenen Geschirren und Bestecken zu hantieren, so ist dies doch konstituierend für die jüdische Identität. Der ganze Aufwand geht zurück auf das Wort

Gottes: „Du solltest das Zicklein nicht in der Milch seiner Mutter kochen", welches sogar dreimal in der Thora steht. Wenn Gott es so gesagt hat, dann wird es so gemacht, mit aller Konsequenz. Egal ob umständlich oder nicht.

Im vorliegenden Buch werden die einzelnen jüdischen Feiertage mit ihren spezifischen Festspeisen vorgestellt, verbunden mit Informationen über Ritus und Religion. Von den wichtigsten Gerichten habe ich die Rezepte nachgekocht und die besten aufgenommen. Den einen oder anderen jüdischen Witz, der zum Judentum genauso dazugehört wie das gute Essen, wollte ich Ihnen, liebe Leserinnen und Leser, auch nicht vorenthalten.

In diesem Sinne wünsche ich Ihnen einen vergnüglichen und natürlich kulinarisch anregenden Streifzug durch das jüdische Wien und seine Küche!

Katja Sindemann

MAZZESINSELKOCHBUCH

GESCHICHTE DER JÜDISCHEN
KÜCHE IN WIEN

GESCHICHTE DER JÜDISCHEN KÜCHE IN WIEN

Das ultimative Argument jeder jüdischen Hausfrau, um Kritik welcher Art auch immer abzuschmettern: „Das wurde bereits in biblischer Zeit so zubereitet!" Die Berufung auf Traditionen, Sitten und Bräuche, die angeblich oder de facto bereits seit Abrahams Bund mit Gott vorhanden sind, ist im Judentum wesentlich ausgeprägter als im Christentum. Wie auch immer zur Zeit Abrahams und Moses tatsächlich gekocht wurde, die jüdische Küche war am Anfang eine orientalische. Das Nomadenvolk kannte dünne Fladenbrote, Wein und Bier, Oliven und Olivenöl, Fleischgerichte, Fisch, Linseneintöpfe und Wachtelrezepte. Während der rund 400-jährigen ägyptischen Gefangenschaft wurde der Gebrauch von Zwiebel und Knoblauch in das jüdische Kochbuch integriert. In der 40-jährigen babylonischen Gefangenschaft kam die Dattel hinzu. Als die Juden 70 n. Chr. von der römischen Besatzungsmacht aus Judäa vertrieben wurden, wanderte ein Großteil von ihnen nach Ägypten, in die Länder Nordafrikas sowie weiter nach Spanien – damals alles römische Provinzen. In der Thora ist ein Ort namens Sefarad genannt, dieser Name wurde im Mittelalter auf Spanien übertragen – daher kommt der Name „Sepharden" für alle spanischen Juden, der später erweitert für alle orientalischen Juden verwendet wurde. Gekocht wurde und wird in der sephardischen Küche mit Reis, Huhn, Lamm, Knoblauch und Olivenöl sowie Zitronen, Rosinen, Mandeln und Rosenessenzen. Auch in Italien, im Süden wie im Norden, fanden sich bereits sehr früh jüdische Gemeinschaften. Ein kleiner Teil gelangte sogar bis nach Gallien, dem heutigen Frankreich. Die Wanderung anderer Juden führte in den germanischen Teil des Römischen Reiches, der früheste Hinweis auf eine jüdische Einwohnerschaft findet sich 321 n. Chr. in Köln. Weitere Siedlungen befanden sich in Speyer, Worms und Mainz. Hier findet sich der Ursprung jener Juden, die als aschkenasisch bezeichnet werden. „Aschkenas" ist das Wort in der mittelalterlichen rabbinischen Literatur für Deutschland. Pogrome während des Ersten Kreuzzuges 1096 sowie während der Pest 1348/49 führten dazu, dass zahlreiche Juden aus Deutschland nach Polen und Litauen flüchteten. Polnische Herzöge, die vor allem am jüdischen Geld Interesse hatten, erließen Schutzverordnungen zugunsten von Juden und förderten deren Ansiedlung. Aus dem Mittelhochdeutschen entwickelte sich in Osteuropa schließlich die jiddische Sprache.

Im österreichischen Raum lassen sich jüdische Ansiedlungen vor allem entlang der Handelsrouten finden, entweder in Nord-Süd-Richtung oder im Ost-West-Verkehr. Bei Ausgrabungen eines römischen Gräberfeldes im burgenländischen Seewinkel am Neusiedlersee entdeckten Archäologen in einem Kindergrab aus dem frühen 3. Jh. n. Chr. ein Goldblech, auf dem der eingravierte Spruch „Höre Israel, der Herr ist unser Gott, der Herr ist einer" zu lesen ist. Dies ist der Beginn des Schma Israel, des jüdischen Glaubenbekenntnisses. Bei dem Goldblech handelt es sich um ein Schutzamulett, das auf jüdische Präsenz in österreichischem Gebiet zur Römerzeit schließen lässt. Dass in der Provinz Pannonien, d. h. in Ungarn, Kroatien und Serbien, ebenfalls Juden ansässig waren, davon zeugen Inschriften, Grabsteine und Kleinfunde. Der Salzburger Erzbischof Arno bat im 9. Jh. einen befreundeten Grafen, ihm einen bestimmten jüdischen oder slawischen Arzt zu schicken. Eine wichtige frühe Quelle, die Raffelstettener Zollordnung, geschrieben zwischen 902 und 906, erwähnt jüdische Kaufleute in Österreich, die ebenso wie andere Zoll zu zahlen hatten. Der Babenbergerherzog Leopold V. berief einen Juden zum Münzmeister, um das stattliche Lösegeld, das er mit seiner Geisel Richard Löwenherz erpresst hatte, zu verwalten. Spätestens im 12. Jh. lebten Juden in Wien, der wichtigen Handelsstadt an der Donau. Täglich landeten hier Schiffe mit Waren, die entweder stromauf- oder stromabwärts gingen. Juden waren – da ihnen der Zugang zum Handwerk verwehrt war und sie auch kein Land besitzen durften – als Händler vertreten. Aber auch als Kreditgeber, denn das Geschäft des Geldverleihens war Christen von der Kirche aus ethischen Gründen verboten. Einige fungierten als Rat- und Kreditgeber am Herzoghof. Sie hatten ein eigenes Viertel zwischen Wipplingerstraße und Am Hof, ihr Zentrum war die Synagoge („Schul") am heutigen Judenplatz. Später mussten jüdische Familien jenseits der Stadtmauer, die den 1. Bezirk umschloss, wohnen, etwa in der Rossau (jene Au, wo die Rösser der Donauschiffer weideten). In der

GESCHICHTE DER JÜDISCHEN KÜCHE IN WIEN

Seegasse findet sich der älteste jüdische Friedhof, dessen frühester Grabstein von 1582 stammt. 1624 wurde das Ghetto im Unteren Werd, der heutigen Leopoldstadt, gegründet. Jüdische Familien siedelten sich auf einer Wiese hinter dem Karmeliterkloster an, es entstand das sogenannte Karmeliterviertel. Der 2. Bezirk, auch „Mazzesinsel" genannt, ist bis heute ein wichtiges Zentrum jüdischen Lebens. Der Begriff „Mazzesinsel" leitet sich daher ab, dass das Gebiet Unterer Werd ursprünglich von zahlreichen Donauarmen durchzogen war, die Auen und kleine Inseln umflossen. Das Wort „Mazze" bezieht sich auf die ungesäuerten Brote, die zu Pessach von jüdischen Bäckern hergestellt werden. Allerdings pendelte die Situation der Juden im Lauf der Jahrhunderte immer zwischen Anerkennung und Privilegien sowie Ausgrenzung, Vertreibung und Ermordung.

Wie sah die Küche der in Wien ansässigen Juden aus? Vermutlich entsprach sie in vielem den mittelalterlichen Kochgewohnheiten ihrer christlichen Umgebung. Brot, Suppe, Fleisch, Fisch, Wildbraten, Gemüse standen auf dem Speiseplan, der durch die jahreszeitlich vorhandenen Lebensmittel vorgegeben war. Den Wein hatten bereits die Römer in Wien eingeführt, die Kunst des Bierbrauens war ebenfalls schon erfunden. Erdäpfel und Paradeiser gab es noch nicht, Tee, Kaffee und Schokolade auch nicht. Eine gewisse Sonderstellung nehmen die Nudeln ein. Die Autorin Salcia Landmann schrieb, dass die Nudeln durch persisch-jüdische Kaufleute, die Rahdaniten, bereits im Frühmittelalter aus China über das zentralasiatische Reich der Chasaren nach Europa importiert wurden. Landmann zufolge werden die gekochten Teigwaren in der rabbinischen Literatur dieser Zeit erwähnt: Paschita, Pasteten und Vrimsel, also Vermicelli, Fadennudeln. Die Italiener hätten demzufolge die Nudeln von den Juden übernommen. Andere historische Darstellungen besagen, dass Nudeln bereits in der griechischen Antike und bei den Etruskern bekannt waren. Die Frage muss hier offen bleiben. Juden haben jedoch sicherlich durch ihre Handelskontakte und Reisetätigkeiten Lebensmittel und Rezepte aus anderen Ländern bei uns eingeführt. Dass die Wiener immer schon auf gutes Essen und Trinken

bedacht waren und auch im Überfluss genossen haben, davon geben zahlreiche Quellen aus diversen Jahrhunderten Auskunft. Die Donau sowie die Donauauen boten Fische, Krebse, Aale, Fischotter und Enten für den gedeckten Tisch. Die Wälder rund um Wien enthielten reichlich Wildbret für die Tafel. Der Prater wie auch die Gegend um das Schloss Schönbrunn waren Jagdgebiete der Habsburger. Eine österreichische oder Wiener Küche gab es damals noch nicht. Die ersten Kochbücher stammen aus dem 15. Jh., wobei sich darin Rezepte aus dem 14. Jh. finden lassen. Hier ist die Rede von Hühnergerichten, Erbsen, Gewürzsoßen, Spanferkel, Bocksleber, Fischpastete, gefülltem Aal, Krebs, gepresstem Schweinskopf, Rebhühnern, Rehbraten, Kuchen und Süßspeisen aus Holunderbeeren. Bekannt sind die aus dem 16. Jh. stammenden Kochbücher von Philippine Welser, einer Tochter aus der reichen und mächtigen Kaufmannsfamilie Welser aus Augsburg, die mit Erzherzog Ferdinand II., Statthalter von Tirol, vermählt war. So waren an der erzherzoglichen Tafel täglich 24 verschiedene Speisen üblich. Allein das Aufzählen der verschiedenen Gerichte für einen Diättag oder den freitäglichen Fastentag lässt einem das Wasser im Munde zusammenlaufen. Der Inhalt der Kochtöpfe in Wien korrespondierte mit der Völkervielfalt, die hier herrschte. Deutsche, Böhmen, Tschechen, Mähren, Polen, Galizier, Ruthenen, Ungarn, Serben, Kroaten, Italiener, Spanier, Franzosen, Niederländer, Türken, Griechen, Armenier und Juden verwandelten Wien in ein Babylon der Sprachen und Speisen. Die Wiener Küche entwickelte sich erst nach und nach und kam im 19. Jh. vollends zu ihrer Blüte.

Die jüdische Küche wie wir sie heute kennen, ist jedoch wesentlich eine osteuropäische. Klassiker wie Gefilte Fisch, Plinis, Pirogen, Borscht, Holischkes und Latkes haben aus östlichen Gefilden ihren Weg nach Wien gefunden. Wie ist dies zu erklären? Die jüdische Bevölkerung in Wien war immer vergleichsweise gering gewesen, erst nach dem Toleranzpatent Kaiser Josephs II. von 1782, der Eröffnung der Nordbahn 1838 von Wien nach Polen sowie der Märzrevolution 1848 mit der Aufhebung von Wohn- und Arbeitsbeschränkungen strömten Juden aus allen Teilen der Monarchie nach Wien.

Dies hatte mit den veränderten Lebens- und Sozialbedingungen in ihren osteuropäischen Heimatländern zu tun. Die Nachwirkungen der Napoleonischen Kriege mit der Kontinentalsperre, die beginnende Industrialisierung sowie der Aufstieg der Städte bei gleichzeitigem Niedergang des Landadels führten dazu, dass viele Juden ihre traditionellen Erwerbsmöglichkeiten (z. B. Schankgewerbe, Kleinhandel und Handwerk) verloren. Sie wohnten nun als bettelarme Arbeitslose in Ghettos und Schtetln oder versuchten durch Wanderschaft, am Land ein paar Münzen zu verdienen. Die Masse verarmter Juden auf der einen Seite, wenige assimilierte Familien, die es zu Reichtum und Industriebesitz gebracht hatten, auf der anderen Seite schürten die antisemitische Stimmung in der Bevölkerung. Dadurch wiederum verfestigte sich die ostjüdische Identität, die im Chassidismus (ekstatischer Frömmigkeit), in jiddischer Sprache und Musik sowie in angestammter Kleidung und Küche ihre Zuflucht suchte. Und diese Identität wurde mitgenommen, als zahlreiche Ostjuden ins aufstrebende Wien auswanderten.

Ehe ein Jude nach Wien fährt, erkundigt er sich im Schtetl, wo der Kaiser wohnt. Man erklärt ihm, dass es dort ein Schloss mit viel Licht, Riesenfenstern und Kristalllustern gibt. Er kommt am Wiener Nordbahnhof an, sieht das Café Produktenbörse auf der Taborstraße mit seinen Kronleuchtern und großen Fenstern, geht hinein und fragt: „Ist der Kaiser schon da?"

Die Anzahl der jüdischen Bewohner in der Leopoldstadt sowie im gesamten Wien wuchs innerhalb weniger Jahrzehnte auf ein Vielfaches an. Waren es im Jahr 1857 nur 2617 Juden, waren es 1890 bereits 99.444 jüdische Einwohner; zählt man die im gleichen Jahr integrierten Vororte hinzu, sogar 118.495. Ein nochmaliges Ansteigen des Zustroms erfolgt während des Ersten Weltkrieges. Nun wuchs die Zahl der Juden auf ihren Höchststand von über 200.000, davon 60.000 auf der Mazzesinsel. Hier war das Bild geprägt von Armut, Elend und Frömmigkeit. Zahlreiche orthodoxe Bethäuser, Vereine und Schulen entstanden. Die Männer versuchten ihr Glück z. B. als Handwerker, Hausierer, Zwischen- und Ratenhändler sowie Bettler. Einigen gelang es, sich emporzuarbeiten und zu assimilieren, andere

zogen weiter. Als ein Großteil in der zweiten Hälfte des 19. Jhs. in die USA auswanderte, verlegte sich jiddisches Leben dorthin, fand sich das Schtetl in Brooklyn wieder und trat der ursprünglich aus Wien stammende Bagel – neuerdings gefüllt mit Räucherlachs und Cream Cheese – seinen Siegeszug in die Moderne an. Mit ihm zusammen erhielten Goldene Jouch, Gefilte Fisch und Pastrami Kultstatus, wurden zu Synonymen des Judentums schlechthin. Einige Ostjuden kehrten jedoch auch wieder enttäuscht in ihre Heimat zurück.

Als ein Ostjude von seiner Reise nach Wien zurückkehrt, wird er gefragt, was er gesehen habe. „Den Nordbahnhof, den Praterstern und das Carltheater." – „Und die Hofburg und das Burgtheater?" – „In die äußeren Bezirke bin ich nicht gekommen."

Doch mit dem ständigen Zuzug von Ostjuden wuchs in Wien der Antisemitismus. In einer fremden Umgebung, die den neu Ankommenden feindlich gesinnt war, wurde das heimatliche Essen zum Kristallisationspunkt von Sehnsüchten, Wehmut und nostalgischen Gefühlen. Selbst die alteingesessenen Wiener Juden blickten abfällig auf die Neuankömmlinge herab, doch sie vermischten sich auch nach und nach mit ihnen. Es gibt keine jüdische Familie, die nicht eine polnische Mutter, einen rumänischen Vater, eine galizische Großmutter oder einen russischen Großvater vorweisen kann. Dementsprechend wurden die Küchenrezepte weitergegeben. Die Shoah bildet die große, einschneidende, unvergessliche Zäsur. Die 185.000 ansässigen Wiener Juden vor 1938 wurden auf 25.000 nach 1945 dezimiert. Heute sind es laut Volkszählung etwas mehr als 8.000.

In den 1970er-Jahren emigrierten zahlreiche Juden aus der Sowjetunion nach Wien. Was oftmals nur als Station auf der Weiterreise nach Israel gedacht war, entwickelte sich zur neuen Heimat. Abermals in den 1990er-Jahren kam eine Welle von Auswanderern aus den Nachfolgestaaten der Sowjetunion, Georgien, Aserbeidschan, Usbekistan, Tadschikistan, Dagestan etc. Es waren sephardische Juden, auch Bucharen genannt, die nun in Wien ihre Geschäfte, Synagogen, Imbissstuben und Vereine gründeten und ihre Religion und Kultur pflegten.

Gekocht wird so, wie es schon die Mutter, Großmutter, Urgroßmutter getan haben. Wieder stellt sich die Frage: Was ist jüdische Küche? Die Plinis sind die gleichen, die auch die russisch-orthodoxen Nachbarn zubereitet haben, aber sie werden jüdisch interpretiert. Das Rezept für die Hühnersuppe entspricht dem der christlichen Wiener Hausfrau. Der einzige Unterschied besteht darin, dass die jüdische Hausfrau einen koscheren Haushalt führt und ein geschächtetes Huhn verwendet. Die Zubereitungsart ist ansonsten die gleiche. Reicht es für die Definition eines typisch jüdischen Essens aus, dass bereits die Großmutter so gekocht hat? Folgender Witz ironisiert diese unantastbare Heiligung der Familientradition:

Eine jüdische Mutter zeigt ihrer Tochter, wie man einen Rinderbraten zubereitet. Sie schneidet die Enden ab, bevor sie das Stück in die Pfanne legt. Auf die Frage nach dem Warum weiß die Mutter keine Antwort: „Meine Mutter hat dies immer so gemacht." Sie fragen also die Großmutter. Doch auch diese antwortet, dass ihre Mutter dies immer so gemacht habe. Also fragen sie die Urgroßmutter. Diese: „Ich weiß nicht, warum ihr das macht. Bei mir war es so, dass meine Pfanne immer zu klein war."

MAZZESINSELKOCHBUCH

JÜDISCHES WIEN HEUTE

Wer mit offenen Augen einen Spaziergang durch die Mazzesinsel macht, wird sehen, dass dort heute wieder jüdisches Leben pulsiert. Männer mit langen, schwarzen Mänteln und Hüten, den Peijes, langen, geringelten Haarlocken an den Schläfen und Bart gehen durch die Gassen. Oft sieht man sie in Begleitung von einem oder mehreren Jungen, die eine Kippa, eine runde Kopfbedeckung, tragen und ebenfalls schon Peijes haben. Manchmal sieht man auch Männer mit einem Schtreiml, einer runden Mütze mit Pelzbesatz, wie sie im russischen oder polnischen Schtetl üblich war. Meist getrennt von den Männern promenieren jüdische Mütter, erkenntlich durch ihre langen Röcke und die züchtige Kleidung in gedeckten Farben und einem „Scheitel", einer Perücke, die ihr echtes Haar verbirgt, oft einen Kinderwagen vor sich schiebend und mehrere (Klein-)Kinder um sich herum. Sie gehen zu einem der koscheren Supermärkte einkaufen, die es in den Gassen rund um das Herzstück der Mazzesinsel gibt, dem Karmelitermarkt. Denn hinter der Mauer des Karmeliterklosters entstand im Jahre 1624 das jüdische Ghetto. Reste der alten Ghettomauer sind noch in den Höfen der Häuser Tandelmarktgasse 8 und Karmelitergasse 24 erhalten. Das jüdische Viertel wurde begrenzt durch die Straßenzüge Kleine Pfarrgasse–Große Schiffgasse–Krummbaumgasse–Karmelitergasse–Taborstraße.

Die heutigen koscheren Supermärkte werden überwiegend von Bucharen betrieben, also sephardischen Juden, die aus Teilen der ehemaligen Sowjetunion wie Usbekistan, Kirgisien, Dagestan, Georgien etc. in den 1990er-Jahren nach Wien gekommen sind. Sie haben die ansässige jüdische Kultusgemeinde in Wien erheblich vergrößert, aber auch vor Probleme gestellt, denn anfänglich waren Sprach- und Kulturunterschiede, Mentalitätsdifferenzen und abweichende religiöse Ansichten erschwerend für die Kommunikation. Inzwischen hat man sich aneinander gewöhnt und arrangiert. Auch die koscheren Restaurants und Imbisse in der Leopoldstadt werden überwiegend von sephardischen Juden betrieben. Am Karmelitermarkt gibt es eine koschere Fleischerei, die zugleich auch als Imbissstand fungiert, an dem sich Juden wie Nichtjuden ihr Mittag-

essen schmecken lassen und bei schönem Wetter an Tischen und Stühlen iim Freien die Sonne genießen. Beim Fischhändler eine Standreihe weiter kaufen die jüdischen Hausfrauen den Karpfen für ihren Gefilten Fisch für den Schabbat. Der Karmelitermarkt ist ein perfektes Beispiel für gelungenes Multikulti-Zusammenleben. Der österreichische Ökobauer bietet seine garantiert biologischen Waren neben dem türkischen Gemüsehändler zum Verkauf an, der wiederum Stand an Stand mit dem jüdischen Nachbarn verkauft. Heute ist dieses Viertel vor allem für eine junge, urbane Bevölkerungsschicht anziehend, da es durch die Nähe zum 1. Bezirk sehr zentral gelegen ist und zugleich ein friedliches Zusammenleben verschiedener Kulturen und Religionen bietet. Von zynischen Stimmen wird es auch „Bobostan" genannt, nach den Bourgeoisen Bohemiens, die inzwischen die Leopoldstadt bevölkern. Zahlreiche In-Lokale existieren mittlerweile, in denen sich Künstler, Filmemacher, Schriftsteller, Kreative, Journalisten und Musiker treffen, ihre Melange schlürfen und einen Alt-Wiener Suppentopf genießen. Und natürlich ein gutes Glas Wein. Männer lesen Zeitung, Kinder spielen zwischen den Stühlen und Tauben wandern gurrend neben den Füßen umher. Von der einen oder anderen Straßenecke hört man hebräische Gesprächsfetzen. Besonders am Samstag blüht und gedeiht das Leben am Karmelitermarkt, wenn schwer bepackte Familien von ihrem Beutezug nach Essbarem erschöpft eine Pause in einem der umliegenden Cafés machen.

Auch am Volkertmarkt findet sich ein koscherer Imbissstand, der mit orientalischen Leckerbissen aufwartet. Einer der Restaurantbesitzer in der Taborstraße bietet auch Catering an – mit sephardischen Speisen. Das Pendant für die Aschkenasen findet sich in dem koscheren Restaurant oberhalb der Synagoge in der Seitenstettengasse im 1. Bezirk. Hier ist der Caterer für Speisen ost- und mitteleuropäischer Herkunft zu Hause. In Wien haben sich im Laufe der Zeit einige Restaurants mit israelischer Küche angesiedelt – die jedoch nicht koscher sind. Mittlerweile haben auch die Wiener Geschmack an Chumus, Falafel und Techina gefunden. Wer hat nicht schon einmal ein orientalisches Frühstück mit weichem Pitabrot und schwarzen Oliven genossen? Relativ neu ist ein Geschäft in der Judengasse, in dem man sowohl in Büchern zu jüdischen Themen schmökern als auch Judaica, also beispielsweise silberne, verzierte Schabbatbecher, Kerzenleuchter oder eine Kippa, kaufen kann. Dazu gibt es Bagels zu essen, in der klassischen amerikanischen Variante mit Räucherlachs und Cream Cheese oder mit anderen Aufstrichen versehen. Aber auch Hebräisch-Bücher, Sprachkurse auf DVD und Software zum Erlernen von Jiddisch und Aramäisch finden sich dort. Wer sich nun – vielleicht angeregt durch dieses Buch – auf Einkaufstour für ein jüdisches Essen begeben will, sollte allerdings bedenken, dass koschere Produkte immer etwas teurer sind als ihre vergleichbaren nichtkoscheren Pendants.

Der Kontakt zu jüdischen Mitbürgern ist nicht immer einfach. Neben den Sprachbarrieren sollte man berücksichtigen, dass viele Juden durch die jahrhundertelange Erfahrung von Vertreibung und Ermordung sehr vorsichtig gegenüber ihrer nichtjüdischen Umgebung geworden sind. Keine einheimische Familie in Wien, die nicht unmittelbar von der Shoah betroffen war. Manchmal hat nur ein Einziger einer großen Familie überlebt. Die Traumatisierungen vererben sich von Generation zu Generation. Wundern Sie sich deshalb nicht, wenn ihre Bemühungen um Kontaktaufnahme vielleicht anfänglich reserviert oder misstrauisch aufgenommen werden. Andererseits habe ich persönlich immer wieder äußerst freundliche Begegnungen erlebt. Natürlich müssen Sie gewisse religiöse Vorschriften berücksichtigen: Ein orthodoxer Jude wird beispielsweise einer nichtjüdischen Frau nicht die Hand zur Begrüßung reichen, weil sie in seinen Augen unrein ist. Und sollten Sie bei einer jüdischen Familie eingeladen sein, bringen Sie als Gastgeschenk besser ein koscheres Produkt mit. Auch sollten Sie orthodoxe Juden auf der Straße nicht fotografieren, ohne zuvor um Erlaubnis gefragt zu haben. Gleiches gilt für jüdische Einrichtungen, die meistens bewacht sind. Synagogen können im Rahmen einer Führung oder nach vorheriger Anmeldung besucht werden. Bedenken Sie, dass Sie vor dem Eintritt Sicherheitskontrollen über sich ergehen lassen müssen, von der Handtasche bis zum „Bodycheck". Das Taschen-

messer bleibt also besser zu Hause. Natürlich können Sie nach Absprache an Gottesdiensten oder Festen teilnehmen, oft findet sich jemand, der sie freundlich empfängt und mit Informationen versorgt. Sehr zu empfehlen ist eine Stadtführung durch den 2. Bezirk auf den Spuren jüdischer Vergangenheit. Hier erfahren Sie nicht nur die Geschichte der Wiener Juden, sondern werden auch zu den früheren Plätzen jüdischer Präsenz auf der Mazzesinsel geführt. In der „Reichskristallnacht" am 9. November 1938 wurden fast sämtliche Synagogen Wiens verwüstet und zerstört, so auch im 2. Bezirk. In der Tempelgasse 3–5 stand bis dahin der Leopoldstädter Tempel. Alte Zeichnungen und Fotos geben Auskunft, wie prächtig und imposant dieses größte Bethaus Österreichs mit seiner orientalischen Fassade, errichtet nach Plänen des Architekten Ludwig Förster, einst war. Die Synagoge bot Platz für 2000 Personen und enthielt auch eine Bibliothek, ein Tauchbad sowie Wohnungen. Sie wurde im November-Pogrom völlig vernichtet, lediglich der Nordtrakt blieb erhalten. Heute demonstrieren vier Säulen am Gehsteig, wie beeindruckend hoch der Tempel war. Ebenfalls zerstört wurde die Schiffschul in der Großen Schiffgasse, die neben dem Gebetsraum Mikwe, Fleischerei, Bäckerei, Volksküche, Cheder (religiöse Schule für die Buben von drei bis 13 Jahren) und Jeschiwa (Talmud-Hochschule) sowie Vereinslokale enthielt. Der Türkische Tempel in der Zirkusgasse 2, der sephardische Juden aus dem Gebiet des früheren Osmanischen Reiches beherbergt hatte und im maurischen Stil nach dem Vorbild der Alhambra errichtet war, wurde komplett zerstört. Die Polnische Schul in der Leopoldsgasse 29, die nach polnisch-jüdischem Ritus geführt wurde und rot-weiß-rote Streifen auf der Fassade, maurische Elemente sowie einen Zwiebelturm aufwies, wurde verwüstet. Der Pazmanitentempel in der Pazmanitengasse 6 wurde ebenfalls vernichtet. Heute erinnern Gedenktafeln an ihr früheres Vorhandensein. Mittlerweile haben sich wieder mehrere Betvereine, Thoraschulen und Synagogen auf der Mazzesinsel etabliert. Oft sind sie jedoch versteckt, von außen nicht kenntlich. Die Vorsicht ist leider berechtigt. Denn es passieren auch heute noch oder wieder antisemitische Anschläge, wie etwa bei der

Eröffnung einer jüdischen Schule 2006. Antisemitismus ist kein Vokabel aus der Vergangenheit, sondern immer noch virulent. Wichtig ist daher Aufklärung und Information über jüdische Religion, jüdisches Leben und jüdische Kultur. Einer der engagiertesten Vermittler der jüdischen Kultur in Wien ist heute das stadtTheater walfischgasse. Es wurde als „Neues Theater am Kärntnertor" 1959 von Gerhard Bronner gegründet, unter Bezugnahme auf das ursprüngliche Kärntnertor-Theater, welches von 1709 bis 1870 an der Stelle des Hotel Sacher stand. 2005 übernahm die Sängerin und Schauspielerin Anita Ammersfeld das Theater und führt es seitdem erfolgreich als attraktive Innenstadtbühne mit abwechslungsreichem Programm. Die Aufführung von jüdischen Autoren und Themen liegt der Direktorin, die selbst aus einer jüdischen Familie stammt, sehr am Herzen. Sie möchte damit gegen die Verdrängung des Gewesenen ankämpfen und die Menschen wachrütteln. Immer wieder stehen jüdische Autoren (z. B. „Der Schüler Gerber" von Friedrich Torberg oder „Heute Abend: Lola Blau" von Georg Kreisler) oder Stücke mit jüdischen Inhalten (z. B. „Hakoah führt" oder „Empfänger unbekannt") auf dem Programm. Der Spielplan des stadtTheater walfischgasse beinhaltet politisch-satirische, gesellschaftkritische und zeitgeschichtliche Stücke auf hohem Niveau sowie gehobenes musikalisches Theater.

Da ein anregender Theaterabend am besten mit einem guten Essen ausklingt, lassen Sie uns nun zur kulinarischen Seite der jüdischen Kultur zurückkehren.

WAS IST KOSCHER?

Beginnen wir mit einem Witz, den der Wiener Oberrabbiner Paul Chaim Eisenberg erzählte:

Als Gott am Berg Sinai Moses die Thora diktierte, sagte er: „Du sollst das Zicklein nicht in der Milch seiner Mutter kochen." Moses meinte verstehend: „Ah, das soll besagen, dass wir Fleisch und Milch nicht gemeinsam essen sollen." „Nein", widersprach Gott, „ich habe etwas ganz Spezifisches gemeint: Du sollst das Zicklein nicht in der Milch seiner Mutter kochen." Moses verwirrt: „Soll das heißen, dass wir nach Genuss von Fleisch sechs Stunden warten sollen, bis wir Milchprodukte essen dürfen, und nach Milchigem eine halbe Stunden warten, bevor wir Fleischiges essen?" Gott erwiderte: „Du sollst das Zicklein nicht in der Milch seiner Mutter kochen!" Moses begriff: „Ah, ich versteh' schon, wir sollen zwei verschiedene Geschirre für Milchiges und Fleischiges haben." Sagte Gott: „Nein, nein, pass auf, ich sage es noch einmal: Du sollst das Zicklein nicht in der Milch seiner Mutter kochen." Moses: „Soll das heißen, wir sollen einen eigenen Kühlschrank für Milch und einen für Fleisch haben?" Daraufhin Gott genervt zu Moses: „Mach doch so, wie du willst!"

Um diesen Witz zu verstehen, muss man natürlich erklären, was koscher überhaupt bedeutet und was es heißt, einen koscheren Haushalt zu führen. Tatsächlich ist dies ein Hauptunterscheidungsmerkmal zwischen Judentum und anderen Religionen. „Koscher" ist das jiddische Wort für das hebräische „Kascher", was rein, geeignet, tauglich bedeutet. Es bezieht sich auf Lebensmittel, die Zubereitung der Speisen, die Handhabung der Küchenutensilien und die Einrichtung der Küche. Diese Speisegesetze, Kaschrut genannt, führen sich auf Anweisungen Gottes in der Thora und deren Auslegung durch die Rabbiner zurück. Koscher bedeutet, dass Juden das Fleisch bestimmter Tiere nicht essen dürfen, weil sie als „treife", als unrein gelten. Als rein gelten Tiere, die ganz gespaltene Hufe haben und Wiederkäuer sind. Folglich ist das Schwein unrein. Das Verbot vom Verzehr von Schweinefleisch gibt natürlich zu jeder Menge Witzen Anlass:

Ein Jude zeigt beim Metzger auf einen Schinken und sagt: „Ich hätt' gern diesen Fisch." – „Aber das ist doch ein Schinken" – „Hab' ich gefragt, wie der Fisch heißt?"

WAS IST KOSCHER?

Fragt Mosche beim Metzger: „Was kostet der Schinken?" Draußen ertönt ein lauter Gewitterdonner. Mosche: „Man wird ja wohl noch fragen dürfen!"

Auf einer Bahnfahrt sitzen ein katholischer Priester und ein Rabbiner gemeinsam im Abteil. Der Priester packt Brot und Schinken aus und bietet dem Rabbi ein Stück an. Dieser lehnt unter Verweis auf seine Religion ab. Der Priester bedauernd: „Schade, schade – so gut, so gut!". Als sie ankommen, aussteigen und sich verabschieden, trägt der Rabbi dem Priester Grüße an die werte Frau Gemahlin auf. Der Priester schüttelt den Kopf: seine Religion verbiete ihm zu heiraten. Der Rebbe: „Schade, schade – so gut, so gut!"

Das Kamel, dessen Hufe nicht vollständig gespalten sind, ist ebenfalls unrein. Treife sind weiters Raubvögel und alle Fische ohne Schuppen und Flossen. Also dürfen Stör, Kaviar, Haifisch, Wels, Seeteufel, Aal, Hummer, Languste, Muschel und Tintenfisch nicht gegessen werden. Verboten ist, Fleisch von gerissenen Tieren oder Aas zu essen. Koscher bedeutet, dass die Tiere rituell geschächtet werden, also auf eine bestimmte Art (schneller Schnitt durch die Halsschlagader und die Luftröhre) getötet werden müssen. Dafür ist der Schochet, der Schächter, zuständig, der zuvor eine jahrelange Ausbildung durchlaufen hat. Die Schächtmethode wird von Juden damit verteidigt, dass die Tiere durch das schnelle Ausbluten sofort betäubt seien. Jedoch ist das Schächten in einigen Ländern verboten. Koscher bedeutet, dass Juden kein (Tier-)Blut zu sich nehmen dürfen. Deshalb werden die geschlachteten Tiere kopfüber aufgehängt, damit sie vollständig ausbluten können. Anschließend werden die Fleischstücke abwechselnd gewässert und mit Salz eingerieben, damit noch verbliebenes Blut entzogen wird. Zuvor werden die Fleischstücke und Innereien genauestens auf ihre Qualität kontrolliert. Bestimmte Teile wie die Hüftsehne, Fettanlagerungen oder Innereien dürfen nicht verwendet werden.
Pflanzliche Nahrungsmittel gelten als rein – bis auf Wein, der von Nichtjuden gekeltert wird. Deshalb gibt es in Österreich einen koscheren Weinbauer, der Rot- und Weißweine herstellt. Oder es wer-

den koschere Weine vorrangig aus Israel importiert. Ebenfalls zu kaufen gibt es koschere Spirituosen, also beispielsweise koscheren Slibowitz oder koscheren Wodka. Koscher bedeutet, dass der Herstellungsprozess regelmäßig von einem Rabbiner überwacht und kontrolliert wird. Womit wir bereits bei den Lebensmitteln wären. Um zu garantieren, dass Juden reine Lebensmittel kaufen, tragen diese ein Koscher-Zertifikat auf der Verpackung. Ein autorisierter Rabbiner überprüft die Reinheit der Lebensmittel und bestätigt diese mit einem Siegel. Je nach Grad der Orthodoxie und Autorität des Rabbiners gibt es unterschiedliche Abstufungen bei den „Hechscharim", den Zertifizierungen. Von der Gemeinde bzw. dem Rabbiner wird ein „Maschgiach" bestellt, der die Einhaltung des Kaschrut überprüft. So werden koschere Restaurants, Fleischereien, Bäckereien und Imbisse regelmäßig kontrolliert, ob sie alle Vorschriften einhalten. Vor einiger Zeit musste beispielsweise in Wien ein koscheres Restaurant schließen, weil man entdeckt hatte, dass dieses nichtkoscheres Fleisch in einem Supermarkt gekauft hatte. Andererseits: Wenn ein Restaurant israelische Küche anbietet, heißt das noch nicht, dass die Speisen auch koscher zubereitet sind. Dies ist extra ausgewiesen. Auf der Mazzesinsel, hauptsächlich rund um den Karmelitermarkt, existieren einige koschere Supermärkte, die ausschließlich zertifizierte Produkte – zum Teil aus Österreich, zum Teil aus dem Ausland importiert – anbieten. Auf der Website der Israelitischen Kultusgemeinde findet sich eine lange „Koscher-Liste", auf der detailliert festgehalten ist, welche Kosmetika, Parfüms, Medikamente, Reinigungsmittel und Papierwaren in nichtkoscheren Supermärkten gekauft werden dürfen. Diese Liste wird jedes Jahr zu Pessach aktualisiert.

Koschere Lebensmittel werden in drei Kategorien unterteilt: in „milchig" (chalawi), also alle Milchprodukte inklusive Käse, in „fleischig" (besari), also alle Fleischprodukte, und in „neutral" (parve), womit alle übrigen Lebensmittel gemeint sind, die nicht in die ersten beiden Kategorien fallen. Womit wir nun endlich bei der Unterteilung in „milchig" und „fleischig" wären, die im anfänglichen Witz angesprochen ist. In der Thora ist dreimal an verschiedenen Stellen als

WAS IST KOSCHER?

Gebot zu lesen: „Du sollst das Zicklein nicht in der Milch seiner Mutter kochen." (2. Moses 23,19; 2. Moses 34,26 und 5. Moses 14,12). Die Tatsache, dass Gott der Herr die Anweisung gleich dreimal gegeben hat, ließ die Schriftgelehrten zu dem Schluss kommen, dass dies ein außerordentlich wichtiges Gebot sein muss. Die Interpretationen, was genau damit gemeint sein könnte und vor allem warum, sind zahllos und zum Teil recht abenteuerlich. Plausibel scheint mir die Version zu sein, dass sich die monotheistischen Israeliten von ihrer heidnischen Umgebung abheben wollten, die solcherart einen Fruchtbarkeitszauber durchführten. Warum auch immer, Gott hat es vorgeschrieben, also wird es gemacht. Darüber hinaus hat die Vorschrift im Lauf der Zeit eine enorme Ausdehnung erfahren. Es darf nämlich überhaupt kein Fleisch in Milch gekocht werden. (Fisch allerdings schon). Fleisch darf auch nicht mit irgendeinem anderen Milchprodukt zubereitet werden. Fleisch darf auch nicht zusammen mit einem Milchprodukt gegessen werden. Zwischen dem Verzehr eines Fleischproduktes und eines Milchproduktes muss ein zeitlicher Abstand sein. So soll man nach dem Genuss eines Milchproduktes eine halbe Stunde warten, bevor man etwas Fleischiges isst, und

nach dem Verzehr von Fleisch sogar sechs Stunden, bevor man etwas Milchiges zu sich nimmt. (Neutrale Lebensmittel dürfen sowohl mit Milchigem wie mit Fleischigem zusammen gegessen werden). In weiterer Folge darf man für das Essen von Fleischigem und Milchigem auch nicht dasselbe Besteck und Geschirr verwenden. In orthodoxen jüdischen Haushalten gibt es deshalb zwei verschiedene Bestecke und Geschirre, die entweder durch eine unterschiedliche Farbe oder ein Bändchen gekennzeichnet sind. Die Logik konsequent weiterführend, darf man auch nicht dieselben Kochtöpfe und -utensilien verwenden. Weiterhin braucht man zwei Kochherde sowie zwei Kühlschränke, zwei Gefrierschränke, zwei Spülen, zwei Geschirrspüler und zwei Küchenkästen. In orthodoxen Haushalten ist daher die gesamte Küche zweifach vorhanden, meist eine rechts, eine links. Die Gebrauchsgegenstände müssen außerdem zur Benutzung koscher gemacht, heißt gekaschert, werden. Das gilt insbesondere, wenn man einmal Besteck, Teller oder Topf irrtümlich verwechselt hat. Hat man beispielsweise mit einem Fleischmesser Käse geschnitten, muss man das Messer zehnmal in die Erde stecken. Oder es wird erst mit kochendem, dann mit kaltem Wasser abgespült. Das gilt auch für andere Teile. Ein neues Geschirr muss zuerst in der Mikwe, dem rituellen Tauchbad, gekaschert werden. Dort wird es mit einem Segensspruch untergetaucht. Eine Wiener Jüdin erklärte mir, wie ihr Vater zu Hause kaschert. Dazu wird der Überlauf in der Abwasch verklebt, diese bis oben mit so heißem Wasser wie möglich gefüllt. Dann wird ein Stück Eisen mit einem Lötkolben glühend heiß gemacht und ins Wasser gegeben. Nun gibt man das Geschirr hinein.
An Pessach gelten noch einmal besondere Vorschriften, denn es darf keine Speise mit „Chametz", Gesäuertem (wie z. B. Hefeteig), in Berührung kommen. Als Säuerndes gelten Weizen, Roggen, Gerste, Hafer, Dinkel sowie alle Produkte, die daraus hergestellt werden. So muss der gesamte Haushalt einschließlich Fenster und Vorhänge komplett gesäubert werden, damit nicht zufällig noch ein Krümelchen Gesäuertes übrig bleibt. Dazu werden sogar die Kleider- und Hosentaschen umgedreht. Das gesamte Geschirr wird gekaschert. Die meisten jüdischen Haushalte haben ein extra Pessach-Geschirr,

das nur zu diesem Anlass verwendet wird. Wer es sich leisten kann, hat in seiner Wohnung sogar eine dritte Küche nur für Pessach installiert (die den Rest des Jahres nicht genutzt wird und hinter einer Jalousie verschlossen ist). Weiters werden sowohl die Küchenkästen als auch die Kühlschränke innen mit Papier, Alu- oder Plastikfolie ausgeschlagen, damit jegliche Gefahr gebannt ist, falls zufällig noch irgendwo ein Krümmel Gesäuertes liegen sollte. Auch dürfen nur spezielle Kosmetika verwendet werden, denn die üblichen Produkte könnten ja etwas Gesäuertes enthalten (beispielsweise Shampoo mit Weizenkeimöl). Da die Speisevorschriften bei den Sepharden etwas anders sind als bei den Aschkenasen, dürfen diese zu Pessach nicht bei den anderen zu Gast sein. (Die Sepharden essen beispielsweise Mais, Hirse, Hafer und Hülsenfrüchte zu Pessach, was den Aschkenasen verboten ist.) Die Lebensmittel im koscheren Supermarkt tragen das Siegel „Koscher le Pessach". Einige haben das Etikett „Kinyot", was bedeutet, dass es für Aschkenasen nicht erlaubt ist, wie z. B. Rapsöl. Die jüdische Hausfrau muss also eine Menge Vorschriften beachten. Falls sie sich unsicher ist, wendet sie sich als erstes an ihren Mann und – falls dieser es auch nicht weiß – an den Rabbiner. Die Kinder lernen von klein auf von ihrer Mutter die koschere Haushaltsführung und die Zubereitung der Speisen. Da sie wesentlich dafür zuständig ist, die Religion an die nächste Generation weiterzugeben, wird die Rolle der Frau im Judentum sehr hoch geschätzt – obwohl zahlreiche Witze dagegen sprechen:

Rabbi: „Die Scheidung kostet fünfzig Rubel." Der scheidungswillige Jude: „So teuer?" Rabbi: „Wieso teuer? Ich zahle Ihnen das Zehnfache, wenn Sie mich von meiner Frau scheiden!"

Sie: „Mosche, wir feiern heuer das 25-jährige Jubiläum unserer Ehe!" – „Warte noch fünf Jahre, dann feiern wir den 30-jährigen Krieg."

MAZZESINSELKOCHBUCH

SCHABBAT

Freitagabend bei einem Freund, einem Israeli, der aus einer alteingesessener Wiener Familie stammt. Ich darf ein jüdisches Schabbatessen erleben. Der Tisch ist festlich gedeckt, der silberne Schabbatbecher steht bereit, zwei Kerzenleuchter ebenso und ein Napf Salz. Die beiden Challoth, zwei mit Mohn bestreute Hefezöpfe, liegen unter einem mit hebräischen Wörtern bestickten und verzierten Deckchen. Die Challoth (Einzahl: Challah) symbolisieren das Manna, das Gott der Herr den Israeliten nach ihrem Auszug aus Ägypten jeden Tag in die Wüste sandte. Sie sammelten jeden Tag so viel sie brauchten, aber am sechsten Tag sammelten sie die doppelte Menge (nämlich den Vorrat für den siebten Tag, an dem das Volk ruhen soll). Deshalb finden sich immer zwei Brote auf dem Schabbattisch. Sie symbolisieren „Sachor" und „Schamor", zu Deutsch „Gedenke" und „Hüte". Der hebräische Name Challah bedeutet Teighebe. Die Israeliten sind laut Thora verpflichtet, entsprechend dem Erstlingsopfer auch vom Brotteig eine Abgabe an den Herrn zu richten. So wurde ein Teil des Teiges „abgehoben" und den Priestern im Jerusalemer Tempel übergeben (wovon diese lebten). Nach der Zerstörung des Tempels 70 n. Chr. und der Zerstreuung der Juden in der Diaspora wurde festgelegt, dass die Hausfrau das Teigstückchen zu verbrennen hat. Eine Wiener Jüdin erklärte mir, dass erst ab der Verwendung von einem Kilo Mehl ein Stück Teig abzuheben ist. Sie sammelt die Teigstückchen zu Hause und bringt sie dann zum Bäcker zum Verbrennen. Wird mehr als 1666 Gramm Mehl verwendet, dann hat die Hausfrau ein Gebet zu sprechen: *„Gelobt seiest du, Ewiger, unser Gott, König der Welt, der du uns geheiligt durch deine Gebote und uns befohlen, die Challah vom Teig abzusondern."*
Den westjiddischen Namen „Barches" oder „Berches" für die Challoth erklärt die Autorin Salcia Landmann mit der Theorie, dass in vorchristlicher Zeit Frauen der keltischen bzw. germanischen Göttin Berchta/Perchta am Hochzeitstag ihre Haarflechten zu opfern pflegten. Die Juden hätten den Brauch übernommen, den Frauen zur Hochzeit die Haare abzuschneiden, der sich angeblich nicht aus dem religiösen Schrifttum ableiten lässt. Dieses Haaropfer wurde irgendwann durch die symbolischen Zopfbrote ersetzt. Soweit die

These von Salcia Landmann. Nach einer anderen Deutung leitet sich das Wort „Barches" von „Berachot", Segenssprüche, ab. Eine Jüdin erzählte mir, dass Wiener Bäcker das Wort übernommen hätten. So gibt es mehrere nichtjüdische Bäckereien, in denen man jederzeit Barches bekommt, geflochten oder rund, mit oder ohne Mohn.

Die Begründung für das Schabbatgebot findet sich im Dritten der Zehn Gebote: *„Gedenke des Sabbattages, daß du ihn heiligest. Sechs Tage lang sollst du arbeiten und alle deine Geschäfte verrichten. Doch der siebente Tag ist ein Ruhetag für den Herrn, deinen Gott. Du sollst dann keinerlei Arbeit tun, weder du selbst noch dein Sohn, noch deine Tochter, noch dein Knecht, noch deine Magd, noch dein Vieh, noch dein Fremdling, der sich in deinen Toren befindet. Denn in sechs Tagen hat der Herr den Himmel und die Erde, das Meer und alles, was sich darauf befindet, erschaffen; doch am siebenten Tage ruhte er. Darum segnete der Herr den Sabbat und erklärte ihn für heilig."* Der Schabbat, der von Freitagabend, vom Anbruch der Dunkelheit, bis Samstagabend, zum Sichtbarwerden der ersten Sterne, dauert, ist der heiligste Festtag des Judentums. An ihm ist jede Form der Arbeit untersagt, einschließlich des Entzündens von Feuer oder Licht, denn er dient ausschließlich der Erholung, der Besinnung und dem religiösen Studium.

Ein Rebbe geht am Sabbat spazieren und sieht eine Geldbörse auf der Erde liegen. Ihn überkommen aber starke Zweifel, ob er mit dem Aufheben nicht gegen die Schabbatruhe verstößt. Plötzlich fällt er auf die Knie und ruft laut aus „Danke, oh Herr, für dieses Wunder. Ringsum ist Schabbat, aber an dieser Stelle ist schon Montag."

Während die Männer den Gottesdienst in der Synagoge besuchen, treffen die Frauen zu Hause die letzten Vorbereitungen für das Mahl. Da am Schabbat nicht gekocht werden darf, müssen die Frauen das Essen für den Freitagabend sowie für den Samstag bereits fertig vorbereitet haben. Deshalb sind viele Schabbatspezialitäten kalte Gerichte, wie z. B. Gefilte Fisch. Hier wird püriertes Weißfischfilet in die ausgenommene Fischhaut gefüllt und in einer Brühe mit Fischkopf und -schwanz gekocht, mit dem Sud, der geliert, übergossen und anschließend kalt gestellt. Gefilte Fisch war unter osteuropäischen Juden weit verbreitet, nicht zuletzt, weil Fisch ein leicht erhältliches, billiges Grundnahrungsmittel darstellte, und wurde durch diese nach Mitteleuropa, Amerika und Israel exportiert, sodass er sich zum Stereotyp für die jüdische Küche generell entwickelt hat. Folgender Witz belegt die Bedeutung von „Gefilte Fisch" als allgemeingültiges jüdisches Codewort:

Ein Soldat, der im israelisch-arabischen Krieg zwischen die Frontlinien geraten ist, jedoch als Einwanderer noch kein Hebräisch kann, jedoch nicht von den eigenen Kameraden erschossen werden möchte, brüllt – um erkannt zu werden - im Gehen aus vollem Hals: „Gefilte Fisch, gefilte Fisch".

Heute füllen die Hausfrauen das pürierte Weißfischfilet meistens nicht mehr in die abgelöste Fischhaut zurück, weil das zu viel Arbeit bedeutet, sondern begnügen sich damit, das Fischpüree zu Klößen zu formen. Außerdem ist Gefilte Fisch in jedem koscheren Supermarkt im Glas erhältlich, im „Viennese Style", „Polish Style" oder „Hungarian Style". Polnischer Stil bedeutet, dass er mit Zucker zubereitet ist, wodurch das Essen einen süßlichen Geschmack erhält. Ungarischer Stil ist natürlich mit Paprika. Der Wiener Stil ist in dem Fall die klassische Variante. Gefilte Fisch muss unbedingt mit einer Mischung aus geriebenen Roten Rüben und Kren serviert werden.

Ein weiteres typisches Gericht ist die Goldene Jouch oder Joich („Goldene Brühe"), eine Hühnersuppe mit Suppengemüse von goldener Farbe und mit goldglänzenden Fettaugen. Sie stellt für jüdische Mütter das Allheilmittel von allen gesundheitlichen sowie seelischen Problemen ihrer Familienangehörigen dar. Bei Grippe oder Erkältung wird dem Erkrankten die Hühnersuppe literweise eingeflößt. Bereits der mittelalterliche jüdische Philosoph Maimonides bezeichnete sie als „zuträglich für den schwachen Körper". Tatsächlich hat die moderne Wissenschaft herausgefunden, dass Hühnerbrühe das Immunsystem kräftigt. Dass sie in allen Lebenslagen hilft, belegt folgender Witz.

In einem jüdischen Theater fällt mitten im Stück der Hauptdarsteller tot um. Der Direktor tritt vors Publikum und teilt die schlechte Nachricht mit. Schreit von hinten eine Frau: „Gebt ihm Hühnerbrühe!" Der Direktor: „Aber er ist doch tot!" „Nu, kann's schaden?"

In den armseligen Schtetln Osteuropas wurde das Suppenhuhn nach

dem Auskochen für weitere Gerichte verwendet, während die Reichen das ausgelaugte Huhn an ärmere Nachbarn verschenkten. Im Gegensatz zu Rind oder Lamm, welche nur von einem ausgebildeten Schochet, Schächter, geschlachtet werden dürfen, können Hühner auch von der jüdischen Hausfrau geschächtet werden. Das Messer muss so scharf sein, dass damit eine Flaumfeder in der Luft zerschnitten werden kann. Früher wurde im Hof der Synagoge in der Großen Schiffgasse, in der sogenannten Schiffschul, geschächtet. 1864 eröffnet, wurde die Schiffschul im November-Pogrom 1938 zerstört und 1945 nach einem Bombentreffer abgerissen. Heute besteht im Nebengebäude wieder ein orthodoxes Bethaus.

Zur Goldenen Jouch gehören obligatorisch verschiedene Suppeneinlagen wie Farfel (Reibeteig aus Gries), Knejdlach (Knödel aus Erdäpfeln oder Mazzemehl, dann sind es Mazzeknejdlach), Lokschen (Nudeln), Teiglech (in diesem Fall: dünne Nudeln, ansonsten sind Teiglech Kekse), Kreplach (mit Fasciertem gefüllte Teigtaschen wie Ravioli), Chremsel (Küchlein aus Mazzebröseln oder rohen Erdäpfeln, in Öl gebacken), Rendlech bzw. Mandlen (aus einem Teig aus Eiern, Mehl und Öl ausgestochene, gebackene Taler oder Kügelchen, bei uns Backerbsen) oder Pirogen (mit zerdrückten Erdäpfeln und Topfen gefüllte Nudelteigbällchen, in Wasser gekocht oder in Öl gebacken). Die Goldene Jouch wird übrigens nicht nur an Schabbat, sondern auch an jedem anderen jüdischen Feiertag serviert.

Bei den Schabbatgerichten handelt es sich um solche, die man von Freitagabend an die ganze Nacht hindurch bis Samstagmittag im Ofen auf niedriger Temperatur vor sich hin köcheln lassen kann, wie der berühmte Tscholent (auch Schalet geschrieben), ein Schmorgericht aus – je nach Tradition, Herkunftsort und Familie – Bohnen, Getreide, Gemüse, Erdäpfeln, Fleisch und/oder kleinen Knödeln. Der Name leitet sich vom hebräischen Wort „cham" (warm) ab bzw. von den französischen Wörtern „chaud" (heiß) und „lent" (langsam). Die Zutaten werden mit Wasser bedeckt über Nacht in einem Topf in den Ofen gestellt und langsam gegart. Der Tscholent ist ein sehr schweres Essen mit großem Sättigungseffekt. In kosheren Supermärkten kann man einen „Chulent-Mix" kaufen, eine Mischung aus weißen

Bohnen, Limabohnen, Wachtelbohnen und Red-Kidney-Bohnen. In Osteuropa war es üblich, auch noch eine Kischke auf den Tscholent zu legen: einen gefüllten Rinderdarm oder Gänsehals. Dazu wird eine Masse aus Mazzemehl, Erdäpfeln und Zwiebeln in einen gereinigten Rinderdarm oder Gänse- bzw. Hühnerhals gefüllt und mit dem Tscholent mitgekocht. In Israel kann man den gereinigten Rinderdarm fix und fertig kaufen. Gefüllter Gänse- oder Hühnerhals wird auch als Helzel oder „falsche Kischke" bezeichnet. Eine andere Variante ist, mit dem Tscholent einen Knejdlach mitzukochen, einen großen Knödel – im Unterschied zu den kleinen Knejdlach für die Suppe. Früher brachten die jüdischen Hausfrauen ihre Töpfe mit dem Tscholent, mit Namen versehen, zum örtlichen Bäcker, der diese über Nacht in seinem Backofen warm hielt. Nach dem Gottesdienst am Samstagvormittag holten die Familien die Töpfe wieder ab.

Eine unentbehrliche Schabbatspeise ist *der* Kugel. Der Begriff leitet sich vom hebräischen Adjektiv „k'ugal" (rund) ab. Ursprünglich war der Kugel auch rund, weil er in einer runden Gusseisenform gemacht wurde. Mittlerweile gibt es ihn jedoch in allen möglichen Formen.

Warum es „der" Kugel heißt, kann nicht sicher nachvollzogen werden. Möglicherweise lässt sich der Begriff vom „Gugelhupf" ableiten. Der Wortteil „gugel" stammt aus dem Mittelhochdeutschen und bedeutet Kapuze. Der Kugel ist ein süßer Auflauf, in den meisten Fällen aus Nudeln und Obst. Man kann ihn jedoch auch aus Challah, Mazzemehl, Grieß oder Mürbteig machen. Es gibt ihn in würziger Variante mit Zwiebeln, Fleisch, Spinat oder Erdäpfeln. Als Nudelauflauf wird er Lokschenkugel genannt.

Ein weiteres typisches Schabbatgericht ist der Zimmes, eine Beilage, die in unzähligen Variationen vorkommt, mit Honig und Zucker gesüßt ist und Dörrobst enthält. Es handelt sich um ein Gemüse, vornehmlich Karotten, oder Gerste, Reis, Erdäpfel, Buchweizen – mit oder ohne Fleisch. Die Herkunft des Namen „Zimmes" ist nicht endgültig geklärt. Die einen sagen, er leitet sich von der Zutat „Zimt" ab, die anderen sagen, er kommt von dem Begriff „Zugemüse", also Beilage. Wie sehr die Benennungen von Region zu Region changieren, zeigt sich daran, dass ein Kugel, wenn er statt einer Stunde die ganze Nacht im Ofen vor sich hin köchelt, zu einem Tscholent mutiert. Wenn man zum Kugel gleich von Anfang an Dörrobst hinzu gibt, wird er zum Zimmes. Hingegen ist ein Zimmes mit Fleisch und Kloß ohne Honig und Zucker ein Tscholent. Und so weiter und so weiter.

Was auf keiner Schabbattafel fehlen darf, ist Gehackte Leber, zubereitet aus pürierter Hühnerleber mit Zwiebel und Ei. Sie wird auf die Challah gestrichen. Der Geschmack der Gehackten Leber wird intensiver, je länger sie im Kühlschrank aufbewahrt wird. Ein Traum!

So ein schweres Schabbatessen wird logischerweise auch noch mit einer reichhaltigen Nachspeise beendet. Hier bieten sich verschiedene Optionen an: Lekach (Honigkuchen), Rugelach oder Rogalach (Kipferl mit Nuss- oder Schokofülle), Kichalach (meist trockene Kekse, die in salziger Variante als Knabberei zum Fisch gegessen werden), Teiglach (in Honigsirup getauchte Gebäckstücke), Käsekuchen (Topfkuchen), Fluden (mit Mohn, Nuss und Äpfeln gefüllter Strudel) oder ganz Wienerisch ein Gugelhupf. Einige dieser Süßspeisen sind auch spezifischen Feiertagen zugeordnet.

So wie die Aschkenasen haben auch die Sepharden ihre typischen Schabbatspeisen. Dazu gehört auch ein Eintopfgericht sowie Fisch, Lamm oder Rind. Irakische Juden pflegen am Schabbat Kubbe, in Teig gehüllte Fleischbällchen, zu essen.

Zurück in die Wiener Wohnung meines Bekannten. Während der Hausherr noch in der Synagoge weilt, ist es Aufgabe der Frau, eine halbe Stunde vor dem Auftauchen der ersten drei Sterne am Himmel bzw. eine Viertelstunde nach Sonnenuntergang die Kerzen anzuzünden. Sie bedeckt ihr Haar, schließt die Augen und macht drei kreisförmige Bewegungen ihrer Hände über den beiden Kerzen, während sie den Segen auf Hebräisch spricht: *„Lob nun, ja Lob dir o Gott, unser Gott und König des All Du. Der sich zuschwor uns durch sein Gebot und schrieb uns vor des Schabbat Licht zu entzünden."* Wir setzen uns an den vorbereiteten Tisch und mein Gegenüber beginnt die vorgeschriebenen Gebete zu singen. Dann folgt der Kiddusch, der Segen über den Wein. Mein Gastgeber ergreift stehend den Becher Wein und spricht auf Hebräisch: *„Der sechste Tag. Da wurden vollendet der Himmel, die Erde und ihr Heer. Am siebenten Tag vollendete Gott*

Sein Werk, welches Er getan hatte und ruhte am siebenten Tage von Seinem ganzen Werk, das er getan hatte. Gott segnete den siebenten Tag und heiligte ihn, denn am siebenten ruhte Er von all Seinem Werk, das Er ins Dasein gebracht hatte, es zu schaffen. Gelobt Seist Du, Ewiger unser Gott, König der Welt, der Du die Frucht des Weines erschaffen hast." Die Anwesenden antworten mit „Amen". Der Mann spricht weiter: „Gelobt Seist Du, Ewiger unser Gott, König der Welt, der Du uns heiligst durch Deine Gebote und uns in Liebe Deinen heiligen Schabbat gegeben hast zur Erinnerung an Dein Werk der Schöpfung. Er ist der erste Tag der heiligen Feste, ein Andenken an den Auszug aus Ägypten. Du hast uns erwählt und uns von allen Völkern geheiligt und uns Deinen heiligen Schabbat in Liebe und Gnade zum Erbe gegeben. Gelobt seist Du, HaSchem, der den Schabbat heiligt." Der Tischherr trinkt einen Schluck vom Wein und reicht ihn dann an mich weiter. Nach dem Kiddusch erfolgt das Waschen der Hände, die dreimal aus einem Krug mit Wasser übergossen werden, wobei wiederum ein Segen zu sprechen ist. Nun segnet der Gastgeber das Brot: „Baruch Atah Adonai Elohenu Melech HaOlam hamotzi lechem min ha'aretz."– „Lob dir o Gott, unser Gott und König des All. Der aus der Erde zieht das Brot." Er bricht ein Stück von der Challah ab, salzt sie, isst es, dann wiederholt er das Ganze und gibt mir ein gesalzenes Brotstück zum Essen. Nachdem wir vom Wein getrunken und von der Challah gegessen haben, folgt die Hauptmahlzeit. Der Ernst der spirituellen Handlung löst sich auf in lockere Gespräche und Scherze. Und natürlich in die Erzählung jüdischer Witze.

Ein Mann will wissen, ob Sex Arbeit ist und damit am Schabbat verboten. Er fragt einen Priester. Dieser schaut in der Bibel nach und sagt dann: „Mein Sohn, ich bin sicher, dass Sex Arbeit und somit nicht erlaubt ist." Der Mann denkt sich: „Was weiß ein Priester schon vom Sex?" und geht zu einem evangelischen Pfarrer. Doch von ihm erhält er die gleiche Antwort. Immer noch nicht zufrieden sucht er einen Rabbiner auf. Der Rabbi überlegt lange und sagt dann: „Sex ist eindeutig Vergnügen." Der Mann fragt: „Rebbe, wie könnt Ihr dessen so sicher sein?" Da antwortet der Rabbi leise: „Wenn Sex Arbeit wäre, würde meine Frau es das Hausmädchen machen lassen."

SCHABBAT

CHALLAH

1 Pkg. Trockengerm oder 15–20 g Frischgerm
1 EL Zucker
1 ¼ Tassen Wasser
2 TL Salz
2 Eier
2 EL Öl
4 Tassen Mehl
Etwas Öl zum Bestreichen
1 Dotter
4 EL Mohnsamen oder Sesam

Germ, Zucker und lauwarmes Wasser vermengen und fünf Minuten an einem warmen Ort stehen lassen. Salz, Eier, Öl hinzugeben und das Mehl langsam unterrühren. Den Teig gut durchkneten, in eine Schüssel legen und mit Öl bestreichen. Zudecken und ein bis zwei Stunden an einem warmen Ort gehen lassen. Danach den Teig in zwei Teile teilen, diese wiederum dritteln, durch Rollen drei Stränge herstellen – diese an einem Ende zusammendrücken – und daraus einen Zopf flechten. Die beiden Zöpfe auf ein geöltes Backblech legen, mit einem Tuch zudecken und weitere zwei Stunden gehen lassen. Mit dem Dotter bepinseln und mit Mohn oder Sesam bestreuen. Im vorgewärmten Backrohr 45 Minuten backen. Vom nichtjüdischen Zopfbrot unterscheidet sich die Challah dadurch, dass man ihr keine Milch und Butter, sondern nur Speiseöl beifügt, damit man sie sowohl zu milchigen wie fleischigen Mahlzeiten genießen kann.

GEHACKTE LEBER
FÜR 4 PERSONEN

2 Zwiebeln
6 EL Öl oder Schmalz
500 g Hühnerleber
2 Eier
1 TL Salz
½ TL Pfeffer

Die fein gehackten Zwiebeln in der Hälfte des Öls bräunen und herausnehmen, dann die geputzte Leber im restlichen Fett so lange schmoren lassen, bis sie gar ist. Die Zwiebeln, die Leber und die hart gekochten Eier durch den Fleischwolf drehen oder im Mixer zerkleinern. Mit Salz und Pfeffer abschmecken und dann kalt stellen.
Die Gehackte Leber wird gerne zur Challah gegessen. Manche fügen noch eine Prise Majoran und/oder zwei zerdrückte Knoblauchzehen hinzu.

GOLDENE JOUCH
(HÜHNERSUPPE) FÜR 6–8 PERSONEN

1 Suppenhuhn
Suppenknochen vom Rind
2–3 TL Salz
Pfefferkörner
2 Lorbeerblätter
3 Wacholderbeeren
2 ½ l Wasser
1 Zwiebel
1 Sellerie
1 Karotte
1 Porree
Etwas Muskat

Das gewaschene, zerlegte Suppenhuhn mit den Rindsknochen, Salz, Pfefferkörnern, Lorbeerblättern und Wacholderbeeren in das kalte Wasser geben und zwei Stunden kochen lassen. Den sich an der Oberfläche bildenden Schaum abschöpfen. Zwiebel, Sellerie hacken, Karotten und Porree schneiden und mitkochen.
Nach einer halben bis einer Stunde das Huhn und die Knochen entfernen, das Hühnerfleisch klein schneiden und zur Suppe geben. Diese mit Muskat abschmecken.

Die Suppe mit einer Beilage servieren, die erst knapp vor dem Servieren hinzugegeben wird. Typisch sind Suppeneinlagen wie Farfel (Reibeteig), Knejdlach (Knödel, vorzugsweise aus Mazzemehl), Lokschen (Nudeln), Teiglech (schmale Nudeln), Kreplach (mit Faschiertem gefüllte Teigtaschen), Chremsel (herausgebackene Küchlein aus Mazzebröseln oder Erdäpfel), Rendlech bzw. Mandlen (kleine Taler oder Bällchen aus Teig – Backerbsen) oder Pirogen (mit zerdrückten Erdäpfeln und Topfen gefüllte Nudelteigbällchen).

Jüdinnen osteuropäischer Tradition empfehlen Dille in die Suppe. Ich halbiere zuerst die Zwiebel, lege sie mit der Schnittfläche nach unten in den Suppentopf und lasse sie ohne Fett anbräunen. Dann gieße ich erst das Wasser zu. Das gibt der Suppe eine schöne braune Farbe. Jüdische Hausfrauen empfehlen, die Innereien vom Suppenhuhn mitzukochen. Ist die Suppe zu dünn geraten, kann man mit einem Suppenwürfel nachhelfen.

SCHABBAT

GEFILTE FISCH
FÜR 6–8 PERSONEN

2 kg Fisch (Karpfen, Zander, Hecht, Schellfisch, Kabeljau, Goldbarsch oder Wels)
3 Zwiebeln, 3 Eier, Salz, Pfeffer, 1 TL Zucker
2 EL Mazzemehl oder Semmelbrösel oder gehacktes Weißbrot

Für die Suppe
1 l Wasser, Fischkopf und -schwanz, Gräten
3 Zwiebeln, Salz, Pfeffer, 2 TL Zucker, 1–2 Karotten

Für die Beilage
Etwas Kren, Rote Rüben, Salz, Pfeffer, Zucker

Fisch entschuppen, waschen, von Kopf und Schwanz befreien und in Scheiben schneiden. Ausreichend mit Salz bestreuen und eine Stunde kalt stellen. Danach vorsichtig die Haut und die Gräten entfernen und diese aufbewahren. Das Fischfleisch in der Küchenmaschine fein pürieren, ebenso die gehackten Zwiebeln. Die Masse mit Eiern, Salz, Pfeffer, Zucker und Mazzemehl nach und nach gut vermischen und kalt stellen. Inzwischen die Suppe zubereiten. Das Wasser mit den Fischresten, den gehackten Zwiebeln, Salz, Pfeffer, Zucker und den in Scheiben geschnittenen Karotten 30 Minuten leicht köcheln lassen. Die kalte Fischmasse mit nassen Händen zu flachen Kugeln formen, in die Fischhaut füllen und vorsichtig nebeneinander in die Suppe legen. Ein bis zwei Stunden köcheln lassen, eventuell etwas Wasser nachgießen. Die Fischstücke vorsichtig herausnehmen und auf eine Platte legen, die Karotten herausfischen und die Brühe durch ein Sieb passieren. Brühe über die Fischkugeln gießen, die Karotten dekorativ auflegen, das Ganze kalt stellen, wodurch die Flüssigkeit geliert und die Fischstücke zusammengehalten werden.

Für die Beilage geriebenen Kren mit geriebenen Roten Rüben vermischen und mit Salz, Pfeffer und Zucker abgeschmecken. Man kann auch einfach Oberskren mit klein geschnittenem Rote-Rüben-Salat vermischen.

Man kann zur Fischmasse noch gemahlene Mandeln und/oder Muskat hinzugeben und in der Suppe Sellerie, Lauch und Knoblauch mitkochen lassen. Anstatt der Karottenstücke kann für die Garnitur des Gefilten Fischs auch Petersilie verwendet werden. Jeder nach seinem Geschmack!

SCHABBAT

EXPRESSVARIANTE

Anstatt des ganzen Fischs fertige, grätenlose Fischfilets kaufen. Die Fischmasse wie oben herstellen und zu Bällchen formen. Die Suppe ohne Fischkopf, Schwanz und Gräten wie oben zubereiten, die Fischkbällchen darin köcheln und danach auskühlen lassen. Die Suppe passieren, dann mit Geliermittel (Pektin) nochmals aufkochen lassen und über die Fischkugeln verteilen. Kalt stellen.

UND DAS IST DIE SUPER-EXPRESSVARIANTE.

TSCHOLENT
FÜR 8–10 PERSONEN

400 g weiße Bohnen, 1 ½ kg Rindfleisch
Salz, Pfeffer, 1 TL Paprikapulver, 1 TL Weizenmehl
125 ml Öl oder 3 EL Schmalz
300 g Zwiebeln, 1 ½ kg Erdäpfel
300 g Rollgerste, 2 Markknochen

Die Bohnen über Nacht in Wasser einweichen und danach abgießen. Das Fleisch in Würfel schneiden, mit Salz, Pfeffer, Paprikapulver und Mehl vermischen. In einem großen Topf oder einer großen Pfanne das Öl erhitzen, das Fleisch darin von allen Seiten anbraten. Die gehackten Zwiebeln mitbraten. Die Erdäpfel schälen, in Würfel schneiden und zum Fleisch geben, ebenso die Bohnen, Rollgerste und Markknochen. Mit Wasser auffüllen, bis alles bedeckt ist. Aufkochen, dann eine Stunde köcheln lassen. Im vorgeheizten Backrohr bei 100 °C über Nacht garen lassen. Bei Bedarf Wasser nachfüllen. – Die Flüssigkeit soll zum Schluss eingekocht sein, aber die Masse darf nicht anbrennen!

Manchmal lässt man im Tscholent auch Knejdlach oder Kischke mitkochen. Osteuropäische Juden geben einen in Stücke gehackten Kalbsfuß bei und würzen darüber hinaus mit Lorbeerblättern, Senfkörnern, Piment und Liebstöckel. In koscheren Supermärkten kann man einen fertigen „Chulent-Mix" (400 g) kaufen, der weiße Bohnen, Limabohnen, Wachtelbohnen und Rote-Kidney-Bohnen enthält.

TSCHOLENT MIT GANS
FÜR 6–8 PERSONEN

2 Tassen Erbsen, 2 Tassen Rollgerste
1 ½–2 kg Gans, 2 TL Salz
1 Zwiebel, 2 EL Gänseschmalz
½ TL Pfeffer, ½ TL Ingwer
4 Knoblauchzehen, Suppe oder Wasser

Erbsen und Rollgerste in Wasser einweichen. Die Gans in Portionen teilen und salzen. Zwiebel fein hacken und in Gänseschmalz andünsten, die Gansstücke beigeben und anbraten. Erbsen und Rollgerste hinzugeben, mit Pfeffer, Ingwer und dem zerdrückten Knoblauch würzen. Alles in einen großen Topf geben, mit Wasser oder Suppe bedecken und zwei Stunden köcheln lassen. Den Topf über Nacht (bis zum nächsten Mittag) bei 100 °C in das Backrohr stellen. Bei Bedarf Wasser zugießen.

SCHABBAT

KISCHKE/KISKE/KISCHKALACH
(GEFÜLLTER RINDERDARM) FÜR 4 PERSONEN

Kalbs- oder Rinderdarm (koscher)
3 große Erdäpfel
2 große Zwiebeln
Pfeffer, Salz
3 EL (Mazze-)Mehl
4 EL Gänse- oder Hühnerschmalz
100 ml Wasser oder Rindsuppe

Den Kalbs- oder Rinderdarm gut reinigen und in 15 cm lange Stücke schneiden. Erdäpfel und Zwiebeln in Julienne schneiden, mit Pfeffer, Salz und Mehl vermischen. Die Masse locker in den Darm füllen und mit einem Faden an beiden Enden zubinden. Den Darm entweder in einer Pfanne mit viel Schmalz weich braten oder in einem Topf mit Wasser (noch besser in Rindsuppe) erst zugedeckt, dann ohne Deckel kochen lassen. Die Fäden hinterher nicht vergessen!

KISCHKE 2
(GEFÜLLTER HÜHNER- ODER GÄNSEHALS) AUCH ALS HELZEL (FALSCHE KISCHKE) BEZEICHNET, FÜR 4 PERSONEN

1 Hühner- oder Gänsehals
100 g Hühnerfaschiertes
1 Hühnerleber
1 Zwiebel
1 Ei
1 EL Mazzemehl oder Semmelbrösel
Salz, Pfeffer
Etwas Geflügelschmalz zum Braten
100 ml Wasser oder Rindsuppe

Die Haut vom Gänsehals vorsichtig abziehen, gut reinigen. Das Faschierte mit der gehackten Leber, der fein gehackten Zwiebel, dem Ei, Mehl, Salz und Pfeffer gut vermischen, lose in die Haut füllen und diese auf beiden Seiten zubinden.
Den Hals in Schmalz 30 Minuten anbraten, dann im Backrohr auf 180 °C garen lassen, dabei häufig begießen. Alternativ dazu kann der Hals in Rindsuppe weich gekocht werden. Man kann den Kischke auch zum Tscholent geben und über Nacht gar werden lassen. Die Fäden hinterher entfernen.

SCHABBAT

KUBBE
(FLEISCHBÄLLCHEN IN TEIGHÜLLE) FÜR CA. 20 STÜCK

150 g Grießmehl, etwas Salz
200 ml Wasser
100 g Zwiebel, 2 TL Olivenöl
200 g Rinds- oder Lammfaschiertes
1 EL Petersilie, Salz, Pfeffer
Kreuzkümmel, Paprikapulver, Koriander, Muskat, Kardamom, Nelken, Zimt
Hühner- oder Gemüsesuppe zum Kochen oder
Öl zum Frittieren

Grießmehl, Salz und Wasser vermischen, eventuell etwas Olivenöl hinzufügen. Den Teig gut kneten, 30 Minuten stehen lassen und dann zu Kugeln formen. Die fein gehackte Zwiebel in Öl andünsten, das Faschierte, Petersilie, Salz und Pfeffer und je nach Geschmack Kreuzkümmel, Paprikapulver, Koriander, Muskat, Kardamom, Nelken und/oder Zimt hinzufügen und anbraten. In die Mitte der Teigkugeln ein Loch drücken und dieses mit Faschiertem füllen, die Teighülle gut verschließen. Die Kugeln 20 bis 30 Minuten in Hühner- oder Gemüsesuppe kochen oder in heißem Öl frittieren bzw. braten.

Kubbe wurde von Juden aus dem Nordirak nach Israel gebracht. Kubbe (auch Kubba, Kibbe, Kibbaye genannt) gibt es in der ganzen orientalischen Welt von Nordafrika über den Irak und Jemen bis nach Indien. In der Türkei heißen sie Köfte, in Griechenland Keftes, im Iran Kuffteh, was „zerstampftes Fleisch" bedeutet. Man kocht sie mit oder ohne Teighülle. Der Teig kann auch aus Bulgur oder einer Erdäpfel-Mehl-Mischung gemacht werden. Die Füllung kann aus verschiedenen Fleischvarianten sowie Gemüse oder Erdäpfeln bestehen. Hier ein Rezept für eine Rote-Rüben-Suppe, in der die Kubbe gekocht werden kann:

ROTE-RÜBEN-SUPPE

200 ml Zitronensaft, 5 EL Zucker
Salz, Pfeffer, 1 ½ l Wasser
500 g Rote Rüben

Zitronensaft, Zucker, Salz und Pfeffer im Wasser fünf Minuten kochen lassen, dann die Roten Rüben hinzugeben, 15 Minuten kochen lassen, herausnehmen, schälen und in kleine Stücke schneiden. Die Kubbe vorsichtig in die kochende Suppe geben, nach kurzer Zeit die Rote-Rüben-Stücke hinzufügen und alles 15 Minuten kochen lassen. Die Kubbe herausnehmen und mit Reis servieren.

SCHABBAT

KARTOFFELKUGEL
FÜR 4–6 PERSONEN

4 Erdäpfel, 2 Zwiebeln
4 EL Butter, 500 g Champignons
2 Stangen Staudensellerie
1 ¼ TL Salz, Pfeffer
1 EL Dille, 4 große Eier
250 g Sauerrahm, 1 Knoblauchzehe
Etwas gemahlener Kümmel
100 g Mazzebrösel oder Semmelbrösel
Etwas edelsüßes Paprikapulver

Erdäpfel schälen und in feine Streifen schneiden. Fein gehackte Zwiebeln in Butter anbräunen. Die blättrig geschnittenen Champignons, klein geschnittenen Sellerie, Salz, Pfeffer und Dille hinzufügen und weitere fünf Minuten schwitzen lassen. Das Ganze mit den Erdäpfeln, den versprudelten Eiern, Sauerrahm, der zerdrückten Knoblauchzehe, Kümmel und Mazzebröseln vermischen. Alles in eine gefettete Backform füllen, mit Paprikapulver bestreuen und im vorgeheizten Rohr auf 175 °C ca. eineinviertel Stunden backen.

ROGALACH
FÜR 20–30 STÜCK

200 g Butter
200 g Doppelrahm-Frischkäse
2 TL Zucker, 150 g Mehl, etwas Salz

Für die Füllung
100 g gehackte Haselnüsse
50 g brauner Zucker, 4 EL Kakao
2 TL Zimt, 25 g Butter, 1 Eiklar

Butter und Frischkäse schaumig rühren, den Zucker, das gesiebte Mehl sowie Salz nach und nach einrühren, den Teig über Nacht kalt stellen. Für die Füllung Haselnüsse, braunen Zucker, Kakao und Zimt vermischen. Den Teig halbieren, eine Hälfte zu einem großen Kreis ausrollen, der mit geschmolzener Butter bestrichen wird, die andere Hälfte mit der Nussmischung bestreuen. Den Kreis in 16 Keile zerschneiden, jeden Keil von außen nach innen aufrollen. Die Kipferln auf ein gefettetes Bachblech setzen und mit Eiklar bestreichen. Mit der zweiten Teighälfte ebenso verfahren. Die Rogalach im vorgeheizten Backrohr bei 180 °C 20 bis 30 Minuten backen.

SCHABBAT

KICHALACH
FÜR 4–6 PERSONEN

3 Eier
2 TL Zucker
½ TL Salz
¼ Tasse Öl
1 ½ Tassen Mehl
½ TL Backpulver
Etwas Öl zum Bestreichen
1 EL Zucker
1 EL Zimt

Eier schaumig schlagen, Zucker, Salz, Öl, Mehl und Backpulver
nach und nach hinzufügen und zu einem glatten Teig verrühren.
Diesen auf einer bemehlten Unterlage ausrollen und Kekse ausstechen.
Mit Öl bestreichen und mit Zucker und Zimt bestreuen.
Auf einem gefetteten Blech 30 Minuten bei 180 °C backen.

DAS JÜDISCHE JAHR

ROSH HASHANA
NEUJAHRSFEST
1. und 2. Tischri
September/Oktober

JOM KIPPUR
VERSÖHNUNGSTAG
10. Tischri
September/Oktober

SUKKOTH
LAUBHÜTTENFEST
15.–21. Tischri
September/Oktober

SCHMINI AZERET
FEST DES ACHTEN TAGES
22. Tischri
September/Oktober

SIMCHAT THORA
FEST DER THORAFREUDE
23. Tischri
September/Oktober

CHANUKKA
TEMPELWEIHFEST/LICHTERFEST
25. Kislew–2. Tewet
Dezember/Jänner

TU BI-SCHWAT
NEUJAHRSFEST DER BÄUME
15. Schwat
Jänner/Februar

PURIM
LOSFEST
14. Adar
Jänner/Februar

PESSACH
ÜBERSCHREITUNGSFEST
15.–22. Nissan
März/April

LAG BA OMER
18. Ijjar
April/Mai

SCHAWOUTH
WOCHENFEST
6. und 7. Siwan
Mai/Juni

TISCHA BE-AW
FAST- UND TRAUERTAG
9. Aw
Juli/August

MAZZESINSELKOCHBUCH

ROSH HASHANA

Vor etlichen Jahren an einem Herbstabend in einer gutbürgerlichen Wiener Wohnung: Ich drehe für den ORF einen Beitrag über Rosh Hashana, das jüdische Neujahrsfest, das in den September oder Oktober fällt. Das genaue Datum wechselt, da der jüdische Kalender sich nach dem Mond richtet. „Rosh" bedeutet „Kopf", das Fest heißt also „Haupt des Jahres" oder „Anfang des Jahres". Entsprechend symbolisch wird an der Festtafel ein Fischkopf serviert, meist stammt dieser von einem Karpfen. Von der jiddischen Verballhornung des Wortes „Rosh" leitet sich der Brauch ab, zu Silvester einen „Guten Rutsch" zu wünschen.

Der Tisch ist festlich gedeckt mit schweren Kandelabern, gutem Geschirr, Silberbesteck und Servietten. Rosh Hashana ist der Auftakt der Hohen Feiertage, die sich zehn Tage bis Jom Kippur erstrecken. Es ist zugleich der Tag des Gerichts, an dem Gott der Herr die Taten des vergangenen Jahres auf die Waagschale legt. Je nach Ergebnis schreibt Gott die Gerechten in das Buch des Lebens, die Frevler in das Buch des Todes ein. Deshalb wünschen sich die Gläubigen nach dem Abendgottesdienst: „Le-Schana towa tikatewu wetechatemau" – „Möget ihr zu einem guten Jahr eingeschrieben und besiegelt werden". Die zehn Tage bis Jom Kippur, dem Versöhnungstag, sind Bußtage, an denen jeder sein Gewissen prüfen und um Vergebung seiner Sünden beten soll. Deshalb erklingt beim Gottesdienst in der Synagoge das Schofar, ein langes, gebogenes Widderhorn, das geblasen wird. Es soll die Gläubigen wachrütteln und zur Buße und Umkehr aufrufen. Laut jüdischer Überlieferung erklang das Schofar erstmals, als Gott der Herr am Berg Sinai Moses die Zehn Gebote übergab. Es erinnert auch an Abraham, der auf Geheiß Gottes seinen Sohn Isaak opfern sollte und stattdessen einen Widder, der sich in einem Strauch verfangen hatte, als Brandopfer darbrachte. So wie der Widder soll das jüdische Volk vom Unglück verfolgt werden, bis es schließlich erlöst wird. Das Schofar soll auch den Tag des Letzten Gerichts und das Kommen des Messias verkünden.

Dazu ein Witz:

Moische steht jeden Tag am Eingang des Schtetls. Eines Tages fragen ihn Reisende, was er da mache. Moische erklärt: „Die Kultusgemeinde hat mich angestellt, die Ankunft des Messias zu melden, wenn er kommt." Fragt einer der Reisenden: „Ist diese Aufgabe denn gut bezahlt?" „Nein, aber Anstellung auf Lebenszeit!"

Nach dem Gottesdienst am ersten Tag werfen Juden in einer Zeremonie, Taschlich genannt, symbolisch ihre Sünden weg. Man begibt sich an ein nahes Gewässer, das Fische enthält, also einen Bach oder Fluß, in Wien z. B. den Donaukanal, dreht seine (Kleider-)Taschen um und wirft die (Brot-)Krümel ins Wasser. Denn so wie ein Fisch im Netz gefangen ist, ist man gefangen im Netz von Gottes Gericht. So wie die Augen von Fischen stets offen sind, sieht auch Gott jederzeit in die menschliche Seele.

An Rosh Hashana sollen fette Speisen und süße Getränke gereicht werden, man soll sich freudig und in der Hoffnung auf ein gutes neues Jahr zu Tisch setzen. Deshalb wird die Challah nicht wie sonst mit Salz bestreut, sondern in Honig getaucht. Die Challoth sind an diesem Tag rund, um den zyklischen Charakter des Jahres zu betonen, und mit Rosinen versehen, um ein süßes neues Jahr zu garantieren. Ebenso werden Apfelscheiben in Honig getunkt, wobei der Segen gesprochen wird: „*Gesegnet seiest Du, Gott, unser Gott, König des Universums, der die Früchte des Baumes erschafft.*" Dann fügt man hinzu: „*Möge es dein Wille sein, uns für ein gutes und süßes Jahr zu erneuern.*" Aus dem gleichen Grund ist die häufigste Nachspeise ein Lekach, ein süßer, schwerer Honigkuchen, der oftmals mit orientalischen Gewürzen wie Nelken, Zimt und Ingwer versehen ist. Die Ähnlichkeit mit dem (christlichen) Lebkuchen ist durchaus gegeben, sowohl etymologisch als auch geschmacklich. Eine weitere typische Nachspeise sind Teiglach, was so viel wie „kleiner Teig" heißt. Es sind kleine Gebäckstücke, die in einen Sirup aus Honig getaucht wurden und pieksüß sind. Eine charakteristische Speise ist der Zimmes, der durch die Beigabe von Honig, Orangensaft, Zucker, Zimt und Dörrobst süß ist. Der Begriff „Zimmes" wird unterschiedlich erklärt, manche leiten ihn von „Zimt" ab, andere von „Zugemüse" im Sinne von Gemüsebeilage. Zu Rosh Hashana wird ein Mejrenzimmes serviert, bestehend aus Karotten, auf Jiddisch Mejren (vgl. dt. Möhren) genannt. Denn dieses Wort ähnelt dem Begriff „meren",

also (seinen Besitz, seine Verdienste) „vermehren". Die runden, goldgelben Karottenscheiben erinnern in ihrem Aussehen an Goldmünzen, die sich im kommenden Jahr hoffentlich mehren werden. Auch ein Mejrenkugel oder -kigel, ein Auflauf aus Karotten, ist aus den gleichen Gründen eine typische Rosh-Hashana-Speise. Wobei die Grenzen zwischen Mejrenzimmes und Mejrenkugel fließend sind! Zu Neujahr darf ein Fisch auf der Tafel nicht fehlen. Er erfährt mehrere Deutungen: Weil seine Augen immer offen sind, repräsentiert er Weisheit. Zugleich ist der Fisch ein Fruchtbarkeitssymbol.

Der Fischkopf steht neben dem Hausherrn, der das Gebet spricht: *„Möge es dein Wille sein, dass wir wie das Haupt (des Fisches) sind und nicht wie der Schwanz".* Das soll heißen, das jüdische Volk soll vorne stehen und nicht hintan. In der sephardischen Tradition wird statt Fisch ein Schafskopf serviert. In aschkenasischen Familien wird oft ein polnischer Karpfen aufgetragen, der in einem süßen Sud mit Honig, Rosinen und Lebkuchen(-gewürzen) gekocht wurde und anschließend gesülzt kalt serviert wird (gleiches Prinzip wie bei Gefilte Fisch, nur dass das Fischfilet nicht püriert ist.) Die Goldene Jouch ist als Vorspeise meistens auch mit dabei. Eine mögliche Suppeneinlage sind an Neujahr Farfel, kleine Teigbrocken, welche auch als Beilage zum Fleischgericht zubereitet werden können. Die Klümpchen in der Form von Körnern sollen symbolisch im Neuen Jahr eine reiche Ernte bringen. In der jüdischen Küche versteht man unter Farfel auch in kleine Stücke gebrochene Nudeln oder Matzoth. Im Österreichischen wird „Farfel" mit „Nocken" übersetzt oder „Nockerln". Im Alpenraum bis hin ins Burgenland sind diverse Farfel-Rezepte bekannt. Ein beliebtes Gericht an Rosh Hashana ist auch der Lokschenkugel, ein Nudelauflauf mit Obst. Lokschen sind Nudeln und können auch als Suppeneinlage zubereitet werden. Nach jiddischer Redensart pflegte man über sehr große dünne Menschen zu sagen: „Dus is a Loksch." Ein Sprichwort lautet: „So kocht man die Lokschen!", das soll heißen: „So wird die Sache gemacht!" Und hier noch der entsprechende Witz dazu:

Fragt ein Jude den anderen: „Jankel, warum nennt man Lokschen Lokschen?" Antwort: „Das ist doch ganz einfach: sie sind lang wie Lokschen, weich wie Lokschen und sehen aus wie Lokschen. Warum also sollte man sie nicht Lokschen nennen?"

ROSH HASHANA

POLNISCHER KARPFEN
FÜR 5–6 PERSONEN

1 Karpfen (ca. 1 ½ kg)
Salz
750 ml Wasser
250 ml Weinessig
100 g Lebkuchen
10 eingelegte Perlzwiebeln
1 EL Honig
2 EL Rosinen
100 g Kandiszucker (oder brauner Zucker)
2 Lorbeerblätter
3 Gewürznelken
3 Pimentkörner

Den entschuppten und ausgenommenen Karpfen unter fließendem Wasser waschen und mit Küchenpapier trocken tupfen. Dann in dicke Scheiben schneiden, einsalzen und eine halbe Stunden stehen lassen. Aus den übrigen Zutaten eine Suppe zubereiten und diese 30 Minuten kochen lassen. Die Karpfenstücke darin 40 Minuten leicht köcheln lassen und wieder herausnehmen. Die Suppe auf die Hälfte einkochen lassen, dann durch ein Sieb gießen. Die Rosinen und Perlzwiebeln heraussuchen und zum Fisch legen. Den eingedickten Sud über den Karpfen gießen, kalt stellen und kalt servieren.

Dazu Challah und Kren mit Roten Rüben reichen.

MEJRENZIMMES 1
FÜR 4 PERSONEN

1 kg Karotten
1 TL Salz, 2 TL Zucker
1 EL Honig, etwas Zimt
1–2 EL Geflügelschmalz oder Butter
Etwas Wasser
Etwas Orangensaft

Die Karotten in Scheiben schneiden, mit Salz, Zucker, Honig, Zimt und Fett in einen Topf geben, mit einer Mischung aus Wasser und Orangensaft knapp bedecken. Zugedeckt eineinhalb Stunden kochen lassen. Bei Bedarf Wasser nachgießen.

MEJRENZIMMES 2
FÜR 6–8 PERSONEN

1 Zwiebel
1 EL Schmalz
500 g Karotten
500 g Süßkartoffeln
125 g getrocknete Zwetschken
125 g getrocknete Marillen
3 EL Honig
Saft und Schale von 2 Orangen
Saft und Schale von 2 Zitronen
½ TL Zimt, Muskat
Salz, weißer Pfeffer

Die fein gehackte Zwiebel im Schmalz in einem großen Topf andünsten und die restlichen Zutaten hinzufügen. Alles aufkochen und 45 Minuten köcheln lassen. Gelegentlich umrühren.

MEJRENKUGEL
FÜR 4–6 PERSONEN

3 EL Erdäpfelmehl
8 EL Likörwein (oder süßer Rotwein)
450 g Karotten, 50 g Datteln
100 g brauner Zucker
8 EL Mazzemehl
1 TL Backpulver
1 TL gemahlener Zimt
Saft und Schale einer Zitrone
1 Ei
50 g Rosinen
Salz, 100 g Fett

Das Erdäpfelmehl in Likörwein auflösen. Karotten in feine Streifen schneiden, Datteln klein schneiden und zusammen mit den restlichen Zutaten vermengen. Alles gut vermischen, in eine gefettete Backform geben und eine Stunde im vorgeheizten Rohr auf 180 °C backen.

FARFEL
(ALS SUPPENEINLAGE FÜR DIE GOLDENE JOUCH)

80 g Mehl
Etwas Salz
etwas Wasser
1 Ei
1 l Gemüsesuppe

Mehl und Salz in eine Schüssel geben und das mit Wasser versprudelte Ei langsam dazugießen. Mit der Gabel so verrühren, dass kleine Bröckchen entstehen. Diese drei Minuten in der Suppe kochen lassen.

LEKACH
(HONIGKUCHEN)

3 Eier
1 ⅓ Tassen Honig
1 ½ Tassen Zucker
1 Tasse gekochter schwarzer Kaffee
3 TL Backpulver
4 Tassen Mehl
1 TL Zimt

Eier und Honig verrühren, Zucker hinzufügen. Den kalten Kaffee mit zwei Teelöffeln Backpulver vermischen und zum Teig geben.
Das restliche Backpulver, Mehl und Zimt hinzufügen und gut verrühren.
Den Teig in eine eingefettete, rechteckige Kuchenform füllen und im vorgeheizten Backrohr auf 180 °C ca. eine Stunde lang backen.

Manche empfehlen die Zugabe von Rosinen, Ingwer (gemahlen oder als Ingwermarmelade), Nelken sowie einem Schuss Weinbrand oder Cognac.
Wer Zeit und Lust hat, kann die Eier trennen, zuerst den Dotter mit dem Zucker mischen und später den steifen Eischnee unterheben.
Weiters wird empfohlen, den Kuchen zwei Tage lang in einem Behälter stehen zu lassen, damit er sein Aroma voll entfalten kann.

MILCHIDIGER LOKSCHENKUGEL
FÜR 6–8 PERSONEN

3 Dotter, 3 EL Zucker
2 Tassen Topfen, 1 Tasse Milch
3 EL Butter
5 Äpfel, 1 Tasse Rosinen
6 Zwetschken
400 g dünne Nudeln
3 Eiklar
6 EL Zucker, 2 EL Zimt

Dotter mit Zucker verrühren, nach und nach Topfen, Milch, zerlassene Butter, geriebene Äpfel, Rosinen und klein geschnittene Zwetschken hinzufügen und vermengen. Die gekochten, abgetropften Nudeln zugeben, die Eiklar steif schlagen und unterheben. In eine gefettete Form füllen, mit Zucker und Zimt bestreuen und mit zerlassener Butter beträufeln. 30 bis 40 Minuten bei 150 °C im Rohr backen.

LOKSCHENKUGEL
FÜR 4–5 PERSONEN

450 ml Milch
125 g Suppennudeln oder Spaghetti
2 Eier, etwas Salz
Schale einer Zitrone, Schale einer Orange
½ TL Zimt, etwas Muskat
60 g Zucker, 30 g Butter
45 g Rosinen, 45 g Datteln
100 g getrocknete Marillen
30 g Mandelblättchen

Milch in einem Topf zum Kochen bringen und die Nudeln 15 Minuten darin ziehen lassen, bis sie weich sind, dann abkühlen lassen. Backrohr auf 180 °C vorheizen. Eine Auflaufform einfetten. Eier, Salz, geriebene Zitronen- und Orangenschale, Zimt, Muskat und Zucker verrühren. Zerlassene Butter, Rosinen und fein gehackten Datteln und Marillen dazugeben und die Nudeln gleichmäßig unterheben. Die gesamte Masse in die Form füllen und mit den Mandelblättchen bestreuen. 40 bis 50 Minuten im Rohr backen.

ROSH HASHANA

TEIGLACH

FÜR 30–40 STÜCK

4 Eier
Etwas Wasser
3 EL Öl
1 TL Zucker
Salz
2 ½ Tassen Mehl
1 TL Backpulver
½ Tasse Nüsse

Für den Sirup
500 g Honig
½ Tasse brauner Zucker
4 Tassen Wasser
2 TL Ingwer

Eier versprudeln, etwas Wasser, Öl, Zucker, Salz, Mehl und Backpulver nach und nach hinzugeben und verrühren. Aus dem Teig 30 bis 40 kleine Röllchen formen, die grob gehackten Nüsse hineindrücken und jeweils zu einer Schnecke zusammenrollen. Die Teiglach bei 180 °C so lange backen, bis sie goldbraun sind.

In einem Topf Honig, Zucker, Wasser und Ingwer 15 Minuten kochen lassen, bis der Zucker aufgelöst ist. Die Teiglach in den Sirup legen und 20 bis 30 Minuten kochen lassen, dabei vorsichtig umrühren. Die Teiglach herausnehmen und auskühlen lassen.

Manche garnieren die Teiglach auch noch mit Maraschino-Kirschen oder Rosinen.

ROSH HASHANA

ZWETSCHKENKUCHEN
FÜR EINE KUCHENFORM VON CA. 25 CM DURCHMESSER

200 g Mehl
½ TL Backpulver
Etwas Salz
150 g Butter
75 g Feinkristallzucker
Schale von einer halben Zitrone
1 TL Zimt
1 Ei
ca. 1 kg Zwetschken
Staubzucker

Das Backrohr auf 190 °C vorheizen. Mehl, Backpulver und Salz vermischen, Butter in kleine Würfel schneiden und so lange einkneten, bis ein leicht bröseliger Teig entsteht. Zucker, Zitronenschale und Zimt vermischen und ebenfalls untermengen. Das Ei aufschlagen und nach und nach unterziehen – eventuell nur die Hälfte verwenden, da der Teig nicht zu feucht werden sollte. Gut vermischen und zugedeckt etwa eine Stunde lang an einem kühlen Ort rasten lassen. In der Zwischenzeit die Zwetschken halbieren und entkernen. Die Backform mit etwas Butter einfetten und mit dem Teig befüllen. Die Früchte mit der aufgeschnittenen Seite nach unten auf den Teig drücken. Etwa eine Stunde backen lassen, bis der Teig goldbraun ist und die Früchte weich sind. Den fertigen Kuchen aus der Form nehmen, abkühlen lassen und mit Staubzucker bestreuen. Je nach Belieben mit etwas Schlagobers servieren.

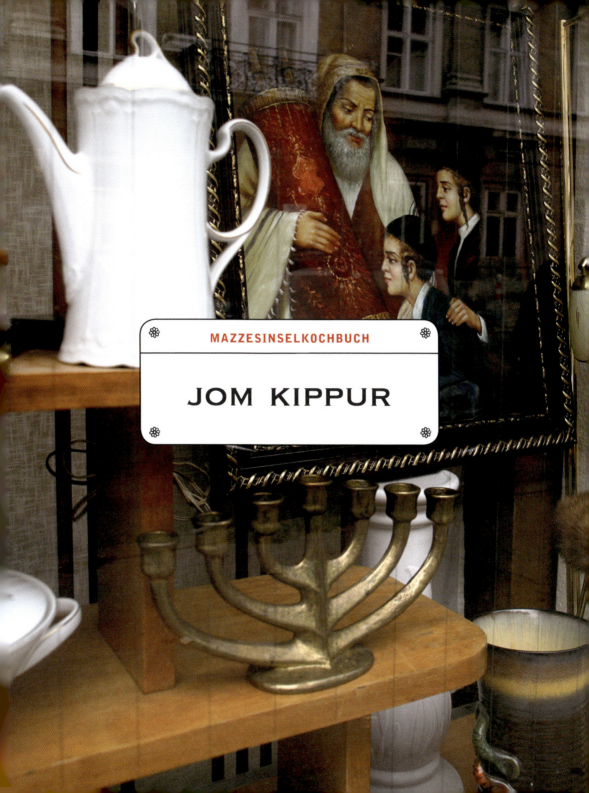

MAZZESINSELKOCHBUCH

JOM KIPPUR

Jom Kippur ist der Versöhnungstag, der zehn Tage nach Rosh Hashana folgt. Er ist der höchste Feiertag, der auch von weniger religiösen Juden beachtet wird. Jom Kippur ist ein strenger Fasttag, den die Gläubigen in der Synagoge mit Gebeten verbringen und an dem sie ihre Sünden bereuen und sich mit ihren Mitmenschen aussöhnen.

Kalman erblickt an Jom Kippur seinen Konkurrenten im Betsaal, streckt ihm versöhnlich die Hand hin und sagt: „Ich wünsch' dir alles, was du mir wünschst!" Jener erwidert bitter: „Fängst du schon wieder an?"

Jom Kippur ist ein Festtag, an dem nicht gegessen, getrunken oder geraucht werden darf.

„Simche, weißt du den Unterschied zwischen Schabbes, Tischa-beaw (Fasttag, an dem Rauchen erlaubt ist) und Jom Kippur?" – „Nu, das ist ganz einfach: am Schabbes isst man in der Stub und raucht im Klosett. Am Tischa-beaw raucht man in der Stub und isst im Klosett. An Jom Kippur isst und raucht man im Klosett."

Weiters darf man sich nicht baden, parfümieren und auch keine Sexualität ausüben.

Zum Rebbe kommt ein Jude und fragt: „Ist es erlaubt, am Jom Kippur mit einer Frau Verkehr zu haben?" Der Rabbi denkt nach und antwortet: „Du darfst, aber nur mit der eigenen. Vergnügen soll's keines sein."

Auch das Tragen von Leder (inklusive von Lederschuhen) ist verboten. Das Fasten beginnt am Vorabend kurz vor Sonnenuntergang. Es ist deshalb üblich, zuvor noch ein kräftigendes Essen („se'uda mafseket") zu sich zu nehmen, das wenig gesalzen und gewürzt ist, damit man keinen Durst bekommt, denn auch das Trinken von Wasser ist an Jom Kippur verboten. (Ausnahmen bestehen natürlich für Kinder, Schwangere, alte und kranke Menschen). Der Gottesdienst beginnt mit dem Kol Nidre-Gebet, in welchem man alle Gelöbnisse und Eide, die man im vergangenen Jahr unüberlegt abgelegt hat, widerruft und für ungültig erklärt. Der Sinn dahinter ist, dass man einerseits vor Gott keine leichtfertigen Eide abgeben und andererseits seine Schwüre halten soll. Angeblich geht der Ursprung des Kol Nidre darauf zurück, dass während der Reconquista in Spanien Juden gewaltsam gezwungen wurden, zu schwören, ihre

Religion aufzugeben. Daraufhin hätten sich die Juden an Jom Kippur versammelt und ihre Schwüre formell wieder aufgehoben. Sephardische Juden kleiden sich an diesem Festtag weiß, um die Reinheit von ihren Sünden zu demonstrieren. Das weiße Gewand steht für die Reinheit eines Engels. Jom Kippur wird deshalb auch als „weißer Fasttag" bezeichnet. In der aschkenasischen Tradition wird der Tallit, der weiße Gebetsmantel mit den blauen Streifen und den geknoteten Fransen, bereits am Vorabend übergezogen und den Gottesdienst, der den ganzen Tag dauert, hindurch anbehalten. Gleichzeitig bleiben den Tag über die Türen vom Thora-Schrein geöffnet, was bedeutet, dass die Tore des Himmels in der Zeit für die Gebete weit offen sind. Reuevolle Gebete gelten an diesem Tag als besonders günstig. Diese Bitten um Vergebung heißen „Selichot". Das Schlussgebet heißt „Ne'ila" – das Urteil über unsere Taten für das kommende Jahr ist besiegelt. Am Ende des Gottesdienstes wird das Schma Israel (das jüdische Glaubensbekenntnis) gesprochen und das Schofar, das Widderhorn, geblasen.

Wenn die Familien dann nach Sonnenuntergang wieder nach Hause zurückkehren, wird mit einer leichten Mahlzeit begonnen: Zuerst wird ein Kuchen serviert, zusammen mit Tee, Kaffee oder Kakao. Bei Wiener Juden handelt es sich meist um einen Gugelhupf oder Marmorkuchen. So war es beispielsweise in der Familie des Autors, Journalisten und Theaterkritikers Felix Salten („Bambi", „Josefine Mutzenbacher. Die Geschichte einer Wienerischen Dirne. Von ihr selbst erzählt") üblich, dass an Jom Kippur ein Gugelhupf nach dem Rezept von Katharina Schratt auf den Tisch kam. Diesen pflegte die Burgschauspielerin und langjährige Freundin Kaiser Franz Josephs I. selbigem zur Jause (und in Bad Ischl auch zum Frühstück) vorzusetzen. Das Original-Rezept hat die Kochbuchautorin Salcia Landmann ausgiebig recherchiert. Franz Joseph wurde von den Juden der Donaumonarchie hoch verehrt, da er ihnen 1867 den ungehinderten Aufenthalt und die freie Religionsausübung gestattete. Zahlreiche Anekdoten zeugen von dem Wohlwollen, das der Monarch seinen jüdischen Untertanen entgegenbrachte.

Sagte der Kaiser zu seinem Sekretär: „Die Sache erledigen wir nach Jom Kippur". Der Sekretär verwundert: „Nach Jom Kippur?" – „Ja, sitzen Sie einmal sechs Wochen lang in Bad Ischl!"

(Wo sich während der Sommerfrische auch viele jüdische Industrielle, Künstler und Schriftsteller aufzuhalten pflegten). Umgekehrt beteten Juden in der Synagoge für das Wohlergehen des Kaisers – ein Brauch, den man bei einzelnen orthodoxen Gruppen in Israel heute noch vorfindet (!). Jedenfalls kommt nach der Kuchenjause ein großes Festmahl, das obligatorisch mit der Goldenen Jouch eingeleitet wird. Diese kann eine der vielen Suppeneinlagen enthalten wie Lokschen, Farfel, Mandlen, Knejdlach oder Kreplach. Dann folgen Speisen, die der jeweiligen Landestradition entsprechen. Natürlich gibt es auch zahlreiche Witze, die das strenge Fastgebot an Jom Kippur karikieren:

„Rabbi, wie kann ich büßen, dass ich mir vor dem Essen nicht die Hände gewaschen habe?" Rabbi: „Warum hast du sie nicht gewaschen?" „Ich habe mich geniert, weil ich in einem christlichen Lokal war." „Wie kommst du dazu, in einem nichtkoscheren Restaurant zu essen?" „Es war Jom Kippur und alle jüdischen Restaurants hatten geschlossen!"

JOM KIPPUR

GUGELHUPF

80 g Rosinen
Etwas Wasser, Rum oder Kirschwasser zum Einweichen
320 g Butter
240 g Staubzucker
Saft und Schale einer Zitrone
2 TL Salz
8 Dotter
2 Pkg. Backpulver
80 g geriebene Mandeln
8 Eiklar
80 g Staubzucker
560 g Mehl
170 ml Milch

Rosinen einige Stunden in Wasser einweichen.
Die Butter mit dem gesiebten Staubzucker verrühren,
den Saft und die geriebene Schale der Zitrone hinzugeben.
Salz, Dotter, die Hälfte des Backpulvers, Mandeln und Rosinen
nach und nach einrühren.
Eiklar mit dem Staubzucker steif schlagen und unter den Teig heben.
Das gesiebte Mehl mit der restlichen Hälfte des Backpulvers
und der Milch unterrühren. Eine Gugelhupfform ausfetten,
mit Mehl bestäuben, den Teig einfüllen und 40 bis 50 Minuten
im vorgeheizten Backrohr bei 180 °C backen.
Nach dem Auskühlen auf ein Kuchengitter stürzen und mit Staubzucker
bestäuben oder mit einer Glasur bestreichen, die aus Wasser,
Zitronensaft und Staubzucker angerührt wird.

JOM KIPPUR

MARMORKUCHEN
FÜR EINE KASTENFORM VON CA. 24 CM LÄNGE

300 g weiche Butter
275 g Feinkristallzucker
2 TL Vanilleextrakt
Etwas Salz
5 Eier
375 g Mehl
4 TL Backpulver
6 EL Milch
4 TL Kakaopulver
Staubzucker

Backrohr auf 180 °C vorheizen und die Backform mit etwas Butter einfetten. Die Butter schaumig schlagen und Zucker, Vanilleextrakt und Salz beimengen. So lange umrühren, bis ein flockiger Teig entsteht. Nacheinander die Eier zugeben, das Mehl mit dem Backpulver vermischen und ebenfalls unter den Teig mengen. Nach und nach etwa die Hälfte der Milch untermischen. Die Hälfte des Teiges in die Backform geben, die andere Hälfte mit der restlichen Milch und dem Kakaopulver vermengen und ebenfalls in die Backform geben. Mit einer Gabel durch die beiden Teighälften ziehen, sodass sie sich leicht vermischen. Im Rohr etwa eine Stunde backen.

Den Marmorkuchen vorsichtig stürzen, auskühlen lassen und mit Staubzucker bestreuen.

MAZZESINSELKOCHBUCH

SUKKOTH

SUKKOTH

Sukkoth, das sieben- bzw. achttägige Laubhüttenfest, wird im Herbst gefeiert und gehört zu den drei jüdischen Wallfahrtsfesten. Ursprünglich war es ein Erntefest, das heißt, dass die Juden in biblischer Zeit nach dem Einbringen der (Wein- und Obst-)Ernte zum Tempel nach Jerusalem pilgerten, um dort einen Teil der Früchte als Opfer darzubringen. Später wurde das Fest auf den Auszug aus Ägypten und die 40-jährige Wanderung der Israeliten in der Wüste bezogen. In Erinnerung daran, wie ihre Vorfahren in der Wüste in selbstgebauten Laubhütten aus Ästen und Zweigen lebten, wohnen Juden in dieser Zeit in einer einfachen Hütte aus Brettern und Pflanzenteilen, die im Garten, am Balkon oder am Dach errichtet wird. Wichtig ist, dass man die Sterne durch die Ritzen der Zweige sehen kann, man also nur notdürftig vor dem Einfluss der Natur geschützt ist. Innen wird die Laubhütte mit bunten Girlanden, Fähnchen, Bändern und Laternen festlich geschmückt. In ihr wird gegessen, gefeiert und nach Möglichkeit auch übernachtet. Die Feier des Laubhüttenfestes geht auf die Thora-Stelle im 3. Buch Mose (Leviticus) zurück: *Am fünfzehnten Tag des siebten Monats, wenn ihr den Ertrag des Landes erntet, feiert sieben Tage lang das Fest des Herrn! Am ersten und am achten Tag ist Ruhetag. Am ersten Tag nehmt schöne Baumfrüchte, Palmwedel, Zweige von dicht belaubten Bäumen und von Bachweiden und seid sieben Tage lang vor dem Herrn, eurem Gott, fröhlich! Feiert dieses Fest zur Ehre des Herrn jährlich sieben Tage lang! Das gelte bei euch als feste Regel von Generation zu Generation. Ihr sollt dieses Fest im siebten Monat feiern. Sieben Tage sollt ihr in Hütten wohnen. Alle Einheimischen in Israel sollen in Hütten wohnen, damit eure kommenden Generationen wissen, dass ich die Israeliten in Hütten wohnen ließ, als ich sie aus Ägypten herausführte. Ich bin der Herr, euer Gott.*
Entsprechend dem göttlichen Gebot ist das Laubhüttenfest ein Freudenfest, bei dem man Früchte und Erfolg seiner Arbeit feiert. So lädt man in die Laubhütte Freunde und Verwandte ein, mit denen man gemeinsam die Festtage feiert. Gleichzeitig macht man sich die Unbeständigkeit des Lebens bewusst, indem man seine sichere Wohnung verlässt und sich in einer zerbrechlichen Hütte wiederfindet. So vergegenwärtigt man sich, dass man angesichts der

Wechselfälle des Lebens letztlich nur durch Gott beschützt wird. Man wird an den Zustand des Wanderns erinnert, wobei man auf seinem Weg nicht ruhen kann, sondern immer weiter schreiten soll. Die Heimatlosigkeit der in der Diaspora lebenden Juden und der immer wiederkehrende Druck zur Flucht vor Diskriminierung, Verfolgung und Ermordung werden hier positiv als göttliche Lebensaufgabe erlebt.

Gemäß dem göttlichen Gebot bringen Juden zu den Gottesdiensten einen Feststrauß aus vier Pflanzen mit: Etrog, eine Zitronenart, Lulaw, ein (Dattel-)Palmzweig, Arawot, zwei Bachweidenzweige, und Hadassim, drei Myrtenzweige. Dieser Strauß wird jeden Tag, außer am Schabbat, dreimal in die sechs Richtungen des Raumes geschüttelt, wobei ein Segensspruch gebetet wird. Dies symbolisiert die Stellung des Menschen im Universum. Die vier Pflanzenarten repräsentieren die verschiedenen Menschentypen, die zusammen den Stamm Israel bilden. Sukkoth wird in Israel sieben Tage lang, von den Juden in der Diaspora acht Tage lang gefeiert. Der letzte Tag von Sukkoth heißt Schmini Atzereth, zu Deutsch „Achter der Schlussversammlung". Es gilt wie am ersten Tag von Sukkoth das Ruhegebot, man spricht ein Zusatzgebet und eine spezielle Bitte um Regen. Manche Juden halten an diesem Tag auch ein Totengedenken. Schmini Atzereth überschneidet sich mit Simchat Thora. Das ist ein Fest zu Ehren der Thora, deren wöchentliche Lesung im Tempel an diesem Tag zu Ende geht und zugleich wieder neu beginnt. So werden von zwei auserwählten Gemeindemitgliedern der letzte und erste Abschnitt der Thora gelesen. Außerdem findet eine Prozession (Hakofoth) statt, bei der die Thora siebenmal um die Bima getragen wird, das Pult, auf dem die Thora im Gottesdienst üblicherweise aufliegt. Der Umzug wird singend und tanzend begangen, aus Freude über die von Gott geschenkte Thora. In Israel fällt Simchat Thora mit Schmini Atzereth auf einen Tag zusammen, in der Diaspora ist es der zweite Tag von Schmini Atzereth.

Da es sich bei Sukkoth um ein Erntedankfest handelt, werden hauptsächlich Gerichte gegessen, die aus Gemüse und Früchten bestehen. Besonders beliebt sind gefüllte Speisen wie etwa Gefüllte Paprika,

Gefüllte Melanzaniroulanden, Gefüllte Krautrouladen (Holischkes) oder – bei den Sepharden – Gefüllte Weinblätter. Diese symbolisieren das Füllhorn, von dem Juden hoffen, dass es auch im nächsten Jahr, bei der nächsten Ernte, über sie ausgeschüttet wird. Außerdem werden viele Speisen auf „süßsaure Art" gekocht, beispielsweise Fleischgerichte mit Obst, etwa Hühnchen mit Äpfeln oder Marillen. Zum Dessert werden Obstgerichte wie Apfelstrudel, Apfelkuchen und Apfelkompott empfohlen. Auch Kartoffelkugel, Mejrenzimmes oder ein anderer Zimmes, der Dörrobst enthält, sowie Kreplach gehören zu Sukkoth. Ein Gericht, das ich sehr empfehlen kann, ist Rinderzunge in Senf-, Wacholder- oder Portweinsoße. Keine Sorge, auch wenn die Zunge anfangs eklig aussieht, das gekochte Essen schmeckt wirklich sehr gut!

Eine besondere Spezialität zu Simchat Thora, dem Fest des Achten Tages, ist der Fluden, in Ungarn Flodni genannt, ein Blätterteigkuchen oder -strudel, gefüllt mit mehreren Schichten aus Äpfeln, Mohn, Rosinen und Nüssen. Er kam ursprünglich aus Elsass-Lothringen, hat sich jedoch gen Osten verbreitet und fand sich in Ungarn, Rumänien und Galizien wieder. Die reichhaltige Füllung symbolisiert reiche Ausbeute. Aber auch andere Strudelvarianten werden gerne gegessen. Wie schon erwähnt, sind an Simchat Thora generell süßsaure Speisen üblich, etwa ein Braten, der in einem Sud aus Pilzen und Aprikosen köchelt. Oder der Jerusalem-Kugel, bei dem die Nudeln erst mit Zucker karamellisiert, dann mit Salz und Pfeffer gewürzt werden. Oder Holischkes, die in einer süßen Soße aus Honig und Rosinen geschmort werden. Die zylindrische Form der Krautrouladen erinnert an die Form der Thorarollen, die an diesem Tag gefeiert werden. Das gilt auch für die Blintzes/Plinsen, gefüllte Palatschinken, die ebenfalls die Form von Thorarollen aufweisen.

HOLISCHKES
(WEISSKRAUTROULADEN) FÜR 8 PERSONEN

700 g Rinds- oder Lammfaschiertes
200 g Reis
2 Zwiebeln
Salz, Pfeffer
1 Häuptel Weißkraut
Etwas Öl zum Braten
Etwas Suppe oder Wasser

Das Faschierte mit dem Reis, einer halben, fein gehackten Zwiebel, Salz und Pfeffer vermischen. Den Strunk vom Weißkraut entfernen, die einzelnen Blätter abtrennen und in leicht gesalzenem Wasser zwei bis drei Minuten kochen und danach abtropfen lassen. Jeweils ein Blatt ausbreiten, ein Löffel Faschiertes in die Mitte geben, das Blatt einrollen, die beiden Enden umklappen und am besten mit einem Faden umwickeln und zubinden. Die restlichen fein gehackten Zwiebeln in Öl anbräunen, in eine feuerfeste Form mit Deckel geben, die Weißkrautroulade darauf legen und mit Suppe oder Wasser aufgießen. Zugedeckt zwei bis drei Stunden im vorgeheizten Rohr bei 160 °C backen, die letzte halbe Stunde ohne Deckel.

DIE SÜSSE VARIANTE

Manche Rezepte empfehlen, zu den Krautrouladen im Rohr noch den Saft von zwei Zitronen sowie 100 Gramm Zucker zu geben.

Nach meiner Erfahrung braucht man nicht alle Krautblätter.
Aus den Übrigen kann man warmen Krautsalat oder Krautfleckerln machen!

SUKKOTH

GEFÜLLTE WEINBLÄTTER
FÜR 4 PERSONEN

500 g Weinblätter
50 g Backpflaumen
50 g Sauerkirschen
50 g Rosinen
250 g Rindsfaschiertes
100 g Reis
3 EL Petersilie
Etwas Safran
1 EL Minze
Salz, Pfeffer
2 Zitronen
125 ml Olivenöl
2 Tassen Wasser

Die Weinblätter mehrere Stunden in kaltes Wasser legen, dann trocken tupfen, die Stiele abschneiden und mit der Unterseite nach oben ausbreiten. Backpflaumen, entkernte Sauerkirschen und Rosinen klein schneiden, mit Faschiertem, Reis, gehackter Petersilie, gemahlenem Safran, zerkleinerten Minzeblättern, Salz und Pfeffer vermischen. In die Mitte jedes Weinblattes etwa einen Esslöffel von der Masse setzen, dann das Blatt einrollen, wobei die Seitenränder nach innen eingeschlagen werden. Die Zitronen in Scheiben schneiden, diese halbieren, die Hälften in eine Pfanne legen, die Weinblätter draufsetzen. Olivenöl und Wasser dazugießen, bei geschlossenem Deckel eine Stunde köcheln lassen. Die Weinblätter anrichten, mit dem Sud übergießen und kalt servieren.

SUKKOTH

FLUDEN
(STRUDEL BZW. KUCHEN MIT APFEL-NUSS-MOHN-FÜLLE) FÜR 10–12 PERSONEN

Für den Teig
15 g Germ, ¼ Tasse Milch
Etwas Zucker, 4 Tassen Mehl
2 Tassen Butter
½ Tasse Zucker, etwas Salz
8 EL Süßwein, 4 Eier
1 ½ Tassen Powidl

Für die Nussfüllung
1 Tasse gemahlene Nüsse
1 Tasse Zucker
½ TL Vanilleextrakt
Saft von einer halben Zitrone
Saft von einer halben Orange
¼ Tasse Rosinen, ½ TL Zimt
½ Tasse Marillenmarmelade

Für die Mohnfüllung
¼ Tasse Wasser, 3 TL Zucker
250 g gemahlener Mohn
1 Eiklar
Saft von einer halben Zitrone
Saft von einer halben Orange
1 Tasse Rosinen
1 TL Rum, ½ TL Zimt
¼ Tasse Butter

Für die Apfelfüllung
4–5 Äpfel
1 TL Zimt, 2 EL Honig

Zum Bestreichen
1 Ei, 1 TL Wasser, ½ TL Zucker

SUKKOTH

FÜR DIE NUSSFÜLLUNG

Alle Zutaten gut vermischen.

FÜR DIE MOHNFÜLLUNG

Wasser mit Zucker im Wasserbad kochen. Mohn, Eiklar, Zitronen- und Orangensaft, Rosinen, Rum und Zimt dazugeben, fünf Minuten kochen lassen und dabei umrühren. Die Butter hinzufügen und eine weitere Minute kochen lassen, dann auskühlen lassen.

FÜR DIE APFELFÜLLUNG

Die Äpfel reiben und mit Zimt und Honig vermischen.

Germ in der warmen, gesüßten Milch 15 Minuten auflösen lassen. Dann Mehl, Butter, Zucker, Salz, Wein und Eier hinzugeben und gut verrühren. Den Teig eine Stunde stehen lassen. Danach diesen in fünf gleich große Teile schneiden und ausrollen. Das erste Stück Teig in eine gefettete Backform legen, dass deren Boden bedeckt ist. Mit Powidl bestreichen.

Das zweite Teigstück in entsprechender Größe auflegen. Nun die Nussfüllung auftragen. Das dritte Teigstück auflegen. Hierauf kommt die Mohnfüllung. Das vierte Teigstück auflegen. Als letztes die Apfelfüllung darauf verteilen. Das fünfte Teigstück als Deckel auflegen. Das Ei mit Wasser und Zucker versprudeln und damit die Oberfläche bestreichen. 40 Minuten bei 180 °C im Rohr backen. (Manche Hausfrauen backen vor dem Füllen die inneren drei Teigplatten zehn Minuten, während die unterste und oberste Teigplatte roh bleiben). Den fertigen Fluden kann man mit Staubzucker bestreuen.

Gestresste Hausfrauen können einfach einen fertigen Strudelteig kaufen. Die Füllungen auf den ausgebreiteten Teig verteilen, diesen zusammenrollen und mit Öl bepinseln, auf ein eingefettetes Backblech legen und im Rohr goldbraun backen.

KREPLACH
(GEFÜLLTE TEIGTASCHEN) FÜR 10–15 STÜCK

1 Tasse Mehl
1 Ei
Etwas Salz
2 EL Wasser

Für die Füllung
1 Zwiebel
1 Tasse Rinds- oder Hühnerfaschiertes
1 TL Salz
½ TL Pfeffer
Wasser oder Suppe zum Kochen oder
Schmalz oder Öl zum Backen

Mehl, Ei, Salz und Wasser zu einem Teig kneten, dünn ausrollen und 7 cm große Quadrate (oder Kreise) ausstechen. Für die Füllung die fein gehackte Zwiebel und das Fleisch in Fett anbräunen. Mit Salz und Pfeffer würzen und auskühlen lassen. Jeweils einen Löffel der Füllung in die Mitte geben und den Teig so falten, dass ein Dreieck entsteht. Die Ränder fest zusammendrücken. Teigtaschen zehn Minuten in Salzwasser (oder Suppe) kochen lassen. Alternativ dazu in reichlich Öl herausbacken.

MAZZESINSELKOCHBUCH

CHANUKKA

CHANUKKA

Chanukka ist das jüdische Lichterfest, das jeweils im November/Dezember stattfindet. Es erinnert an die Wiedereinweihung des zweiten Jerusalemer Tempels 164 v. Chr. nach dem Makkabäer-Aufstand. Judäa war zu dieser Zeit von den Seleukiden, den hellenistischen Herrschern im Vorderen Orient, besetzt. Diese hatten den jüdischen Tempeldienst verboten und stattdessen ihre griechischen Götter eingeführt. Dagegen erhoben sich die Makkabäer, jüdische Freiheitskämpfer, und vertrieben die Seleukiden. Der entweihte Tempel in Jerusalem wurde gereinigt, der Tempeldienst wieder erlaubt. Allerdings war für die Menora, einen Leuchter, der niemals erlöschen sollte, nur mehr ein Krug Öl vorhanden. Für die Herstellung neuen (Oliven-)Öls wurden acht Tage benötigt. Wie durch ein Wunder brannte jedoch das Öl dieses einen Kruges acht Tage lang, bis das neue geweihte Öl vorhanden war. So feierte man fortan das Wunder von Chanukka, zu Deutsch „Einweihung". Als der Tempel im Jahr 70 n. Chr. von den Römern endgültig zerstört wurde, fanden die Chanukka-Feiern nur mehr im häuslichen Bereich statt. Auf dem achtarmigen Chanukka-Leuchter wird jeden Tag eine Kerze mehr entzündet, bis zum Schluss alle acht Kerzen brennen. Tatsächlich haben die meisten Chanukka-Leuchter neun Kerzen, die neunte, Schamasch, Diener genannt, wird lediglich zum Anzünden der anderen verwendet. Dieser häusliche Brauch wird nun seit einigen Jahren von der jüdischen Bewegung Chabad Lubavitch nach außen auf die Straße getragen. Die Gnade, die Gott seinem Volk erwies, soll so demonstriert werden. So steht heute in vielen Großstädten auf der ganzen Welt zu Chanukka an einem zentralen Platz ein überdimensionaler Leuchter, um den sich gläubige Juden und Schaulustige versammeln. Ich konnte ein solches Ritual im schweizerischen Luzern miterleben. Der Rabbiner ließ sich von einer ausfahrbaren Leiter der Feuerwehr zum acht Meter hohen Leuchter tragen, während er via Mikrofon Gebete intonierte. Viele Anwesende fielen in die vertrauten Melodien ein, bald erschallte ein ganzer Chor von Stimmen. Nach drei Segenssprüchen „zündete" der Rabbi die erste Kerze bzw. das erste Licht an. Beifall brandete auf. Nach und nach erstrahlte – von rechts nach links – ein Licht nach dem anderen. Die Menschenmenge sang Chanukka-Lieder, während Kerzen von Hand zu Hand wanderten, bis schließlich jeder eine brennende Kerze vor sich hielt. Nun begannen Frauen, Krapfen an die Anwesenden auszuteilen. Über dem ganzen Platz machte sich eine festliche Stimmung breit, die Teilnehmer mit Kindern, Kerzen und Krapfen strahlten ein Gefühl von Gemeinschaft aus. Chanukka wird nach Einbruch der Dunkelheit gefeiert, die Familien versammeln sich üblicherweise mit Freunden zu Hause. Es werden Gebete gesprochen, Lieder gesungen und die Chanukka-Geschichte erzählt. Auch wird mit einem Kreisel gespielt, dem sogenannten Dreidel oder Trendel, auf dessen vier Seiten hebräische Buchstaben stehen, stellvertretend für den Satz „Ein großes Wunder geschah dort". Auch dies ist eine Reminiszenz an die Zeit, da fremde Götter in Judäa herrschten. Denn jüdische Kinder wurden trotz des Verbotes der Besatzer in ihrem Glauben unterrichtet. Tauchten seleukidische Patrouillen auf, taten die Kinder so, als spielten sie mit dem Dreidel. So trug dieser zur Überlieferung der Religion bei. Weiters bekommen Kinder zu Chanukka Geschenke, heute in erster Linie Geld, wobei sie ermuntert werden, einen Teil davon zu spenden.

Nach der Zeremonie lud der Rabbiner zu einem gemeinsamen Festessen. Am Büffet türmten sich bereits die Speisen, vor allem typische Chanukka-Gerichte: Am wichtigsten sind die Sufganiot, mit Marmelade oder Nougat gefüllte Krapfen. Außerdem gibt es Latkes, Erdäpfelpuffer, die mit Apfelmus oder Früchtekompott und Sauerrahm serviert werden. Es existiert jedoch auch die pikante Variante, bei der sie mit Rote-Rüben-Salat, Gurken, Zwiebeln, Fleisch oder zur Suppe gegessen werden. Von einer Wiener Jüdin wurde ich darüber informiert, dass es zwei Arten von Latkes gibt, nämlich Keslach, welche aus gekochten Erdäpfeln hergestellt werden, und Chremslach (Chremsel) aus rohen Erdäpfeln, die vor allem in der Marmarosch, den Ostkarpaten im Grenzgebiet Ukraine-Rumänien-Ungarn, geliebt werden. Im Widerspruch zum vorher Gesagten fand ich in einem jüdischen Kochbuch ein Chremslach-Rezept aus gekochten Erdäpfeln. Latkes ist ursprünglich ein polnisches Wort und bedeutet „kleines Flickstück". Der Begriff variiert etwas, denn so

werden zuweilen auch die russischen Blinis (im früheren Ostpreußen: Plinsen), auch Plintzen oder Blintzen geschrieben, also Palatschinken, als Latkes bezeichnet. Man darf die Begriffe also nicht so eng sehen! Es gibt sogar Latkes, die aus Challah, eingeweichtem Weißbrot, hergestellt werden.

Eine weitere typische Chanukka-Speise sind Rugelach – im Wienerischen: Rogalach –, Kipferln aus Teig, der je nach Köchin mit Topfen oder – in der amerikanischen Variante – mit Doppelrahm-Frischkäse angereichert ist, wahlweise gefüllt mit Mandeln, Nüssen, Kakao, Rosinen, Marmelade, Schokolade, Zucker oder Zimt. Alteingesessene Wiener Jüdinnen verwenden klassischerweise Germteig. Weiterhin gibt es verschiedene Arten von Keksen (ähnlich dem christlichen Weihnachtsgebäck) sowie Apfelkuchen. All diesen Speisen ist gemeinsam, dass sie in Öl gebacken oder frittiert werden und damit an das Öl-Wunder bei der Wiedereinweihung des Tempels erinnern. Da Öl für die armen Bewohner der osteuropäischen Schtetl eine Kostbarkeit war, die selten bei der Hand war, wurde meistens Gänse- oder Hühnerschmalz benutzt. In manchen Wiener Familien ist an diesen Feiertagen auch der Verzehr eines Gansls üblich. Außerdem gibt es Käsegerichte. Diese erinnern an die Heldentat der schönen Jüdin Judith, die ihre belagerte Stadt vor dem babylonischen General Holofernes rettete. Sie kam in sein Lager, um ihn zu verführen, und setzte ihm gesalzenen Käse vor, woraufhin er seinen Durst mit reichlich Wein löschen musste und infolgedessen in Schlaf versank. Nun schlug Judith Holofernes den Kopf ab und trug diesen in die Stadt zurück. Als die Belagerer ihren ermordeten Hauptmann entdeckten, flohen sie. So werden an Chanukka Latkes aus Käse serviert. Aber auch Käsekuchen (ein Kuchen mit Topfenfüllung, welcher meines Erachtens mehr in Deutschland bekannt ist) oder Käseblintzes (Palatschinken mit Topfenfüllung). Achtung, wenn im Rezept steht, die Füllung sei aus Topfen, ist dies eine Irreführung, denn es ist der früher in Osteuropa übliche Topfen gemeint, der eher mit Schichtkäse zu vergleichen ist. Die Kochbuchautorin Salcia Landtmann schreibt ein ganzes Kapitel über den Unterschied von heutigem (für diese Rezepte unbrauchbaren) Topfen und dem damals in Galizien von den Hausfrauen selbst hergestellten Topfen, der wesentlich wasserärmer und reichhaltiger war. Vergleichbar ist der heute nur mehr in Kärnten gebräuchliche Bröseltopfen, der aus saurer Rohmilch gewonnen wird. Doch nun genug der Fachsimpelei, lassen wir dem Rabbiner das letzte Wort, der seinen Gästen, die bereits vor vollen Tellern sitzen, nach einer kurzen Ansprache „Happy Chanukka" wünscht.

SUFGANIOT
FÜR 25 STÜCK

40 g Germ
¼ Glas warmes Wasser
2 TL Zucker, 4 Tassen Mehl
4 Dotter
½ Tasse Zucker, 1 Tasse Butter
Etwas Salz, etwas Milch
(Marillen-)Marmelade
Öl zum Frittieren
Etwas Staubzucker

Germ im warmen Wasser und Zucker auflösen und 15 Minuten stehen lassen. Die anderen Zutaten dazugeben, nach Bedarf Milch zufügen und gut verrühren. Den Teig zugedeckt eine Stunde gehen lassen, dann auf einer bemehlten Fläche 7,5 mm dick ausrollen und Kreise ausstechen. In die Mitte der Kreise die Marmelade geben, mit einem zweiten Kreis zudecken und die Enden zusammendrücken. Diese nochmals 30 Minuten gehen lassen. Dann in einem hohen Topf in heißem Öl zugedeckt frittieren, die Krapfen dabei umdrehen. Auf Küchenpapier abtropfen lassen und mit Staubzucker bestreuen.

LATKES
FÜR 10–15 STÜCK

1 kg Erdäpfel, 1 Zwiebel
1 Tasse Mazzemehl
1 Dotter, 1 EL Öl
Salz, Pfeffer
Öl oder Geflügelschmalz zum Backen

Die rohen oder gekochten Erdäpfel und die geschälte Zwiebel in eine Schüssel reiben und ausdrücken und die entstehende Flüssigkeit abgießen. Mehl, Dotter und Öl zu den Erdäpfeln rühren, sodass ein dicker Brei entsteht. Mit Salz und Pfeffer abschmecken. Etwas Öl in der Pfanne erhitzen. Aus zwei bis drei Esslöffeln Teig kleine Puffer formen und ungefähr fünf Minuten im Fett goldbraun braten. Auf einem Gitter oder Papier abtropfen lassen.
Als Beilage Apfelmus und Sauerrahm reichen.

Manche raten von der Beigabe der Zwiebel ab. Andere empfehlen pro Kilogramm Erdäpfel zwei bis drei versprudelte Eier.

CHANUKKA

LATKES AUS CHALLAH
FÜR 10–15 STÜCK

1 große Challah (500 g)
3 Eier
1 Zwiebel
Salz, Pfeffer
Öl zum Braten

Die Challah in kaltem Wasser einweichen, ausdrücken, mit Eiern,
der geriebenen Zwiebel, Salz und Pfeffer gut verrühren.
Kleine flache Kugeln formen und im heißen Öl anbraten.

LATKES AUS KÄSE
FÜR 10–15 STÜCK

1 ½ Tassen geriebener Hartkäse
3 Eier
¼ Tasse Wasser
½ Tasse Mehl
2 EL Zucker
3 EL Milch
Salz, Pfeffer
Öl zum Braten
Kirschmarmelade

Alle Zutaten verrühren, aus dem Teig Kugeln formen
und diese im heißen Öl anbraten. Dazu Kirschmarmelade reichen.

MAZZESINSELKOCHBUCH

PURIM

PURIM

Purim ist das jüdische Fasnachtsfest, das im Februar oder März gefeiert wird. Es stützt sich inhaltlich auf das Buch Esther in der (hebräischen und christlichen) Bibel, die – mehr legendäre denn historische – Geschichte der schönen Jüdin Esther, die während der Zeit des Babylonischen Exils im persischen Königreich in der Stadt Susa unter der Obhut ihres Verwandten Mordechai lebte. Die Handlung spielt nach Berechnung von Historikern im Jahr 474 v. Chr., nach jüdischer Zeitrechnung 400 v. Chr. Der persische König Ahasverus (Xerxes I.) verstößt seine ungehorsame Gattin Watschi und lässt sich aus seinem Reich die schönsten Mädchen bringen, darunter Esther. Sie gefällt dem König so gut, dass er sie heiratet und zur Königin macht. Einer der Hofbeamten ist der eitle, machtgierige Haman, der beim König hohe Gunst genießt. Esthers Vormund Mordechai, der im Palast dient, weigert sich jedoch, vor Haman niederzuknien und ihm zu huldigen. Zornig beschließt Haman, das ganze jüdische Volk zu vernichten. Er stachelt Ahasverus auf, Befehl zu erteilen, alle Juden im Perserreich am 13. Tag im zwölften Monat Adar zu töten. Da dieser Tag durch das Los bestimmt worden war, heißt er „Purim", zu Deutsch „Lose". Esther erfährt durch Mordechai von diesem Plan, der sie um ihr Einschreiten bittet. Allerdings hat Esther Angst, ohne Vorladung zum König zu gehen, was ihren Tod bedeuten könnte. Nach Fasten und Gebeten wagt sie es doch und lädt ihn zu einem Festmahl ein – zusammen mit Haman. Bei dem Essen bittet Esther den König, ihr Volk zu verschonen und erwirkt einen Schutzerlass für ihre Glaubensgenossen. Gleichzeitig entlarvt sie Haman als Anstifter des Komplottes. Daraufhin wird dieser gehängt, während Mordechai vom König geehrt wird. Mordechai verfügt schließlich, dass zukünftig alle Juden den 14. und 15. Tag des Monats Adar als Festtag begehen sollen – zum Gedenken an ihre Rettung. Purim wird deshalb als Freudentag mit Essen und Trinken, Umzügen und gegenseitigen Geschenken gefeiert. Beim Gottesdienst in der Synagoge geht es daher auch sehr ausgelassen zu. Die Gläubigen haben Ratschen oder mit Bohnen und Linsen gefüllte Rasseln bei sich, die sie während der Lesung aus dem Buch Esther immer dann eifrig schwingen, wenn der Name „Haman" fällt. Denn dieser ist zum Symbol für Antisemitismus schlechthin geworden. Auch erscheinen die Gläubigen, vor allem die Kinder, verkleidet, die Mädchen vorzugsweise als Königin Esther, während die Burschen Haman oder Mordechai darstellen. Hier hat sicherlich auch ein Einfluss durch die Fasnachtsverkleidung der nichtjüdischen Umgebung stattgefunden. Da die Juden aufgefordert sind, ihr Essen mit den Armen zu teilen, verschicken die Familien Speisen, Schlachmones genannt, an ihre Mitmenschen: eine Mehlspeise und eine Portion Obst, dazu noch spezielle Purim-Süßigkeiten. Diese Geschenke werden in festliche, bunte Verpackungen gehüllt, die man heutzutage online bestellen kann. An erster Stelle der Purim-Spezialitäten stehen dreieckige, mit einer Mischung aus Mohn, Nüssen und Honig (oder Powidl) gefüllte und gebackene Teigtaschen, die von den Aschkenasen „Hamantaschen" und von den Sepharden „Hamanohren" genannt werden, da sie diese in Öl herausbacken. Die Dreiecksform symbolisiert Hamans Tasche oder Dreispitz bzw. seine Ohren. Auf diese Art wird der Name des Feindes verspottet. Eine weitere Spezialität ist Mohnkuchen, weil sich Königin Esther in den drei Tagen, an denen sie gefastet und gebetet hat, bevor sie zum König ging, ausschließlich von Mohn ernährte. Deshalb gehören auch Mohn-Kichlach, mit Mohn bestreute Kekse, zu Purim. Eine weitere Süßigkeit an Purim ist Nunt (Nougat), das Nichtjuden als selbst gemachte Karamellstücke kennen. Der polnisch-jiddische Schriftsteller Isaac Bashevis Singer erzählt, dass in den Konditoreien Warschaus Teigfiguren von Ahasverus, Haman, Watschi und Esther verkauft wurden, die von den Kindern mit Genuss und Spaß verzehrt wurden. Bei den marokkanischen, algerischen und tunesischen Juden ist Couscous seffa, süßer Couscous mit Rosinen und Zimt, zu Purim üblich. Türkische Juden essen süße Borekas, die mit Nüssen oder Mandeln gefüllt sind. In vielen jüdischen Familien wird Truthahn gegessen, dessen hebräischer Name „Tarnegol Hodu", übersetzt „Indischer Hahn", lautet – als Symbol für den dummen König Ahasverus. Vegetarische Gerichte erinnern ebenfalls daran, dass Königin Esther in den drei Tagen ihres Gebetes kein Fleisch zu sich nahm. Süßsaure Speisen stehen für den Kummer der zum Tod

verurteilten Juden, der sich bei ihrer Errettung in Freude verwandelte. Laut der englisch-jüdischen Kochbuchautorin Clarissa Hyman sowie den tschechisch-jüdischen Autorinnen Alena Krekulová und Jana Doležalová ist auch Kascha Varnischkes, russischer Buchweizen, der mit Schwammerln und Nudeln angereichert wird, eine Purimspeise. Interessant ist, dass in einigen aschkenasischen Gemeinden zu Purim „Kreppchen" gegessen werden, worunter je nach Region und Tradition mal gefüllte Teigtaschen (siehe Kreplach), mal Krapfen, mal Palatschinken (vergleiche das französische Wort „Crêpes") zu verstehen sind. „Kreppchen" werden aber auch von Christen im Rheinland gegessen und zwar zu Mariä Lichtmess, welches am 2. Februar gefeiert wird. Ist es Zufall, dass dieses Datum nahe bei Purim liegt und Juden und Christen das Gleiche essen?

Kreplach, gefüllte Teigtaschen, als Purimspeise werden religiös interpretiert: In der Teighülle ist etwas verborgen, so wie das Wunder von Purim verborgen war. Obwohl die Geschichte Esthers nur von den handelnden Personen erzählt, hat Gott im Verborgenen die Ereignisse gelenkt. Am Tag vor Purim „Taanit Esther", wird gefastet, so wie die Königin gefastet hatte, bevor sie zum König ging.
Dazu ein Witz:
„Jankel, heute ist ‚Taanit Esther'. Warum fastest du nicht?" „Weil ich zum Schluss gekommen bin, dass Haman im Recht war und nicht Mordechai. Mordechai hat durch sein respektloses Verhalten gegen Haman das Leben sämtlicher Juden aufs Spiel gesetzt!" Tags darauf treffen sich die beiden wieder: „Jankel, ich hab' gemeint, nach deiner Meinung ist Haman im Recht. Was also isset du jetzt Nougat und Hamantaschen und trinkst Schnaps dazu?" „Weißt du, ich hab' das Problem überschlafen und bin zum Schluss gekommen, dass dennoch Mordechai im Recht war und nicht Haman."
Zu Purim gehört es außerdem, sich ordentlich zu betrinken, gemäß der Anweisung des Mordechai, das Fest der Freude und des Wohllebens zu begehen. An dieser Stelle daher ein kleiner Exkurs zu koscheren Alkoholika. Tatsächlich müssen bei deren Herstellung einige Regeln beachtet werden: Es dürfen keine Zusatzstoffe verwendet werden, um Gärungsprozesse zu beschleunigen. Es dürfen nur Papierfilter verwendet werden. Die Früchte, die verarbeitet werden, dürfen erst aus der vierten Ernte des Baumes stammen – im Sinne einer Naturschutzmaßnahme. Die Herstellungsprozesse müssen durch einen orthodoxen Rabbiner überwacht werden. Auf diese Weise entstehen koscherer Slibowitz (Zwetschkenschnaps), koscherer Wein und sogar koscheres Bier.

PURIM

HAMANTASCHEN
FÜR 25–30 STÜCK

Für den Teig
½ Tasse Butter
¼ Tasse brauner Zucker
¼ Tasse Honig
2 Eier
1 TL Vanilleextrakt
1 TL Backpulver
½ TL Speisesoda
2 ½ Tassen Mehl

Für die Füllung
¾ Tasse Zucker, ¼ Tasse Wasser
200 g gemahlener Mohn
1 Eiklar, ½ TL Vanilleextrakt
Saft von einer halben Zitrone
Saft von einer halben Orange
1 EL Rum, 1 Tasse Rosinen
Etwas Zimt, ¼ Tasse Butter
1 Tasse Marillenmarmelade

Butter mit Zucker und Honig verrühren, Eier, Vanilleextrakt, Backpulver, Speisesoda und Mehl untermengen und zu einem glatten Teig vermischen. Für zwei bis drei Stunden kalt stellen. Den Teig ausrollen und 10 cm lange Dreiecke ausstechen. Für die Füllung Zucker in Wasser unter ständigem Rühren aufkochen. Mohn, Eiklar, Vanilleextrakt, Zitronen- und Orangensaft, Rum, Rosinen, Zimt dazugeben und weiter kochen lassen. Butter und Marillenmarmelade beifügen und so lange kochen lassen, bis sich die Marmelade aufgelöst hat. Danach für einige Zeit kalt stellen.

In die Mitte der Teigstücke jeweils einen Teelöffel der Füllung geben, die Seitenränder hochklappen und andrücken sowie die Spitzen zusammendrücken. Auf einem gefetteten Backblech bei mittlerer Hitze 20 Minuten backen.

EXPRESSVARIANTE DER FÜLLUNG

1 Tasse gemahlener Mohn
½ Tasse geriebene Mandeln oder Nüsse
4 EL Honig

Mohn mit Mandeln und Honig auf kleiner Flamme etwa zehn Minuten kochen lassen, bis sich die Masse dunkel färbt. Dann auskühlen lassen.

MOHNKUCHEN

Für den Teig
6 Eier
Prise Salz, 160 g Zucker
160 g gemahlener Mohn
50 g gehackte Walnüsse
50 g Rosinen

Für den Belag
100 g Butter
100 g Schokolade
2 EL Wasser

Eier trennen, Eiklar mit Salz steif schlagen, die Hälfte des Zuckers unterziehen, danach die Masse kalt stellen. Inzwischen den Belag vorbereiten. Die Butter auslassen, die in kleine Stücke gebrochene Schokolade und das Wasser zugeben und so lange rühren, bis die Schokolade geschmolzen ist. Nun die Dotter mit dem restlichen Zucker verrühren, vier Esslöffel der Schokolademasse hinzufügen, ebenso den Mohn, die gehackten Walnüsse und die Rosinen. Alles gut verrühren und den Eischnee unter die Masse ziehen. Den Teig in eine gefettete Springform geben, im vorgeheizten Backrohr bei 180 °C 40 Minuten backen. Abkühlen lassen und den Kuchen aus der Form nehmen. Die Schokolademasse erwärmen und vorsichtig über den Kuchen gießen.

MOHN-KICHLACH

½ Tasse Butter
½ Tasse Zucker
1 Ei, 1 EL Wasser
½ TL Vanilleextrakt
2 Tassen Mehl
½ TL Backpulver
¼ Tasse Mohn

Butter mit Zucker schaumig rühren, Ei, Wasser, Vanilleextrakt beigeben, danach Mehl, Backpulver und Mohn einrühren. Den Teig zugedeckt einige Stunden kalt stellen, dann ausrollen und mit Keksformen ausstechen. Auf einem gefetteten Backblech bei 180 °C zehn bis 15 Minuten backen.

NUNT
(KARAMELL-ZUCKERL)

500 g Bienen- oder Waldhonig
½ Tasse Zucker
200 g zerstoßene Walnüsse
Etwas Wasser oder Öl

Honig und Zucker aufkochen, die Nüsse beifügen und unter Umrühren so lange auf kleiner Hitze kochen, bis sich die Masse bräunlich verfärbt.
Die heiße Masse fingerdick auf ein eingefettetes oder mit Backpapier ausgelegtes Backblech streichen. Nach einigen Minuten in kleine Vierecke zerschneiden. Das Messer dabei in heißes Wasser oder Öl tauchen. Nunt erkalten lassen und dann in einem verschließbaren Behälter aufbewahren.

NUNT MIT SESAM UND WALNÜSSEN

2 Tassen Zucker
⅔ Tasse Waldhonig
½ TL gemahlener Ingwer
Etwas Salz
2 Tassen Sesam
½ Tasse gehackte Walnüsse

Zucker, Honig, Ingwer und eine Prise Salz unter ständigem Rühren so lange erhitzen, bis der Zucker geschmolzen ist. Vorsichtig weiterköcheln lassen. Nach 20 Minuten den Sesam und die zerstoßenen Walnüsse unterziehen. Nunt wie oben auf ein Backblech gießen, glatt streichen und zerschneiden.

Meine Mutter hat Nunt mit Haferflocken gemacht. Schmeckt ebenfalls sehr gut!

PURIM

COUSCOUS SEFFA
(SÜSSER COUSCOUS AUS MAROKKO, ALGERIEN, TUNESIEN) FÜR 4 PERSONEN

200 g Rosinen
1 l Schwarztee
500 g Couscous
800 ml Milch
½ TL Salz
80 g Staubzucker, etwas Butter
100 ml Orangenblütenwasser
1 EL Zimt
Etwas Staubzucker

Die Rosinen im warmen Schwarztee eine Stunde quellen lassen. Den Couscous in der heißen Milch quellen lassen. Salz, Staubzucker, Butter, Orangenblütenwasser, Zimt und Rosinen untermischen. Den Couscous zu einer Kugel formen und mit Staubzucker und Zimt bestreuen.

KASCHA VARNISCHKES
(BUCHWEIZEN MIT NUDELN UND SCHWAMMERLN) FÜR 6 PERSONEN

1 Ei
Salz, Pfeffer
1 Tasse Buchweizen
1 Zwiebel
2 EL Petersilie
Etwas Öl oder Butter zum Braten
500 g Schwammerl
500 ml Hühnersuppe
1 TL Salz
½ TL Pfeffer
1 Tasse Nudeln

Ei mit Salz und Pfeffer versprudeln, mit dem Buchweizen verrühren und eine Stunde stehen lassen. In einem großen Topf fein gehackte Zwiebel und klein geschnittene Petersilie in Öl anbraten, die in Scheiben geschnittenen Schwammerl hinzugeben und dünsten. Dann den Buchweizen hinzufügen und unter Rühren rösten. Hühnersuppe zugießen, salzen und pfeffern und 20 Minuten zugedeckt köcheln lassen, bis die Flüssigkeit aufgesogen ist. Zuletzt die gekochten Nudeln untermengen.

Zu Gast bei einer befreundeten jüdischen Familie. Es ist kurz vor Pessach, der Sederabend rückt näher. Die Tafel ist festlich gedeckt, das schöne Geschirr, das silberne Besteck, die schweren Kandelaber hervorgeholt. Es handelt sich nicht um das Alltagsgeschirr, sondern um ein spezielles Porzellan nur für Pessach, denn in den acht Tagen darf nichts mit Gesäuertem (Chametz) in Berührung kommen. Deshalb wurde der gesamte Haushalt zuvor gründlich gereinigt und alles Brot, das aus Germteig besteht, außer Haus gegeben. Auch Roggen, Hafer, Weizen, Dinkel und Gerste sowie Produkte, die aus diesen Getreidearten hergestellt werden, dürfen nicht mehr im Haus sein. Am Sederabend biegt sich der Tisch unter den verschiedenen Tellern, Schalen und Schüsseln. Die Speisen geben Auskunft über Herkunft und Geschichte der Familie. Rumänische Spezialitäten, österreichische Schmankerln sowie orientalische Speisen stehen in trauter Eintracht nebeneinander. Dies ist ein elementares Merkmal der jüdischen Küche: An der Eigenart der Speisen lässt sich die Wanderungsgeschichte der Familie ablesen – das gilt für Juden aus Ägypten, Russland, Großbritannien, Indien, Marokko, Polen, Deutschland und Jemen gleichermaßen. Ich habe meine Pessach-Haggada bei mir, ein Büchlein mit der Erläuterung des Ritus, schön bebildert und mit hebräischem wie deutschem Text versehen (wird von hinten nach vorne gelesen). In der Haggada (zu Deutsch: Erzählung) ist die Geschichte des Exodus' aus Ägypten mitzulesen. Die Männer tragen die Kippa, die kleine runde Kopfbedeckung, denn man soll nicht entblößten Hauptes vor Gott den Herrn treten. Zuvor haben mich alle Familienangehörigen besorgt gefragt, ob ich es aushalten würde, acht Tage lang nur Matzah (jiddisch Mazze) zu essen, das knäckebrotartige, quadratische flache Brote. Ich versicherte mehrmals, es würde mir überhaupt nichts ausmachen – was es tatsächlich nicht tat. Der Sederabend ist der Auftakt und zugleich Höhepunkt von Pessach, dem Fest der ungesäuerten Brot. Er ist der erste Festabend. Seder bedeutet Ordnung und so hat die Liturgie ihren ganz genauen Ablauf und die Speisen ihre spezifische Symbolik. Das Familienoberhaupt erzählt die Geschichte der Befreiung der Juden aus ägyptischer Gefangenschaft, welche nach überwiegender historischer Einschät-

zung im 13. Jh. v. Chr. stattfand. Üblicherweise stellt das jüngste Kind vier vorgeschriebene Fragen über die Bedeutung der Ereignisse: *„Warum unterscheidet sich diese Nacht von allen anderen Nächten? Jede Nacht sonst essen wir doch gesäuertes und ungesäuertes Brot, heute nur Matzoth? Sonst essen wir die verschiedensten Kräuter, heute nur Bitterkraut? Sonst brauchen wir nichts einzutunken, heute zweimal? Sonst sitzen wir beim Essen frei oder angelehnt, heute nur angelehnt?"* Auf diese Fragen hin antworten die Anwesenden: *„Einst waren wir Knechte des Pharao in Ägypten, da führte uns der Ewige von dort hinaus mit starker Hand ... Es ist unsere Pflicht, vom Auszug aus Ägypten zu erzählen und jeder ist dafür zu loben."* Es geht also darum, die Geschichte von der Errettung des jüdischen Volkes durch Gott den Herrn immer wieder zu erzählen und an die nachfolgenden Generationen weiterzugeben. In der Pessach-Haggada folgt nun das Beispiel von den vier Söhnen (repräsentativ für die verschiedenen Zuhörer): dem Weisen, Bösen, Einfältigen und Unaufmerksamen. Dies stellt eine Parabel dar, um den Feiernden zu verdeutlichen, warum die Überlieferung so wichtig ist und wie man sich dazu verhalten soll und wie nicht. Der Weise fragt nach den Vorschriften Gottes und wird darüber belehrt. Der Böse fragt: *„Was soll EUCH der Gottesdienst?"* Indem er durch diese Frage eine Distanz zwischen sich und der übrigen Gemeinschaft schafft und zugleich den Sinn des Ritus anzweifelt, sondert er sich vom jüdischen Volk ab und schließt sich damit von der Erlösung aus. Der Einfältige fragt: *„Was ist das?"* Der Unaufmerksame muss immer wieder auf den Sinn von Pessach hingewiesen werden. Da mir das Beispiel vom bösen Sohn Kopfzerbrechen bereitete, recherchierte ich und stieß auf eine interessante Auslegung. Jemand, der sich von der jüdischen Gemeinschaft absondert, wird von dieser als Verräter betrachtet und ausgeschlossen. Im Gegensatz dazu erklärte ein weiser Rebbe in seiner Interpretation, dass man jemanden, der kritische Fragen stellt, nicht gleich verdammen, sondern vielmehr aufklären soll. Dazu erzählt eine chassidische Geschichte:
Ein besorgter Vater kam zum Rebbe und sagte: „Mein Sohn ist dabei die Gemeinde zu verlassen. Was soll ich tun?" Der Rebbe antwortete: „Gib ihm mehr Liebe!"

Zu dieser Interpretation passt inhaltlich folgender jüdischer Witz: *Der Rebbe hadert mit Gott: „Mein Sohn will sich taufen lassen!" Antwortet Gott: „Das hat meiner auch gemacht!" Fragt der Rebbe: „Wie hast du reagiert?" „Nu, ich hab' das Neue Testament gemacht!"*

„Pessach" bedeutet auf Deutsch „Überschreitung". Gott der Herr suchte in jener Nacht die Häuser der Ägypter heim, um die Erstgeborenen zu töten, während er die Häuser der Israeliten „überschritt". Zuvor hatten Moses und Aron den Pharao mehrmals gebeten, die Hebräer ziehen zu lassen, die als Sklavenarbeiter Ziegel und Lehm aus Nilschlamm herstellen mussten. Doch der Pharao zeigte sich verstockt. Deshalb schickte Gott nach und nach neun Plagen über Ägypten und als zehnte Plage das Sterben des Erstgeborenen von Mensch und Vieh. Bei der Aufzählung der zehn Plagen taucht man den kleinen Finger in den Rotwein und lässt jeweils einen Tropfen auf die Serviette fallen. Auf Geheiß Gottes hatten die Israeliten am Vorabend ihres Auszuges ein Lamm geschlachtet und ihre Türpfosten mit dessen Blut bestrichen, um ihre Häuser kenntlich zu machen. So verschonte der Herr diese, während bei den Ägyptern jedes Erstgeborene starb. Der Pharao drängte daraufhin das jüdische Volk auszuziehen. 600.000 Israeliten mit ihren Kindern verließen am nächsten Morgen Ägypten Richtung Gelobtes Land. In der Eile konnten sie nur ungesäuerte Brote als Mundvorrat mitnehmen, weil keine Zeit blieb, den Teig gehen zu lassen, sodass er sich beim Backen ausdehnt. Am Ufer eines Schilfmeeres sahen sich die Flüchtlinge dem Wasser gegenüber, während hinter ihnen die Streitwägen des Pharao, der es sich anders überlegt hatte, heranrückten. Durch Gottes Eingreifen teilten sich schließlich die Fluten des Meeres und das jüdische Volk konnte trockenen Fußes hindurchschreiten. Hinter ihnen schlugen die Wassermassen über den nachfolgenden Ägyptern zusammen. Nach 40 Jahren Wanderschaft erreichten die Israeliten schließlich das Gelobte Land.

Auf dem Tisch stehen fünf bzw. sechs symbolische Speisen, die an die Leiden der Juden in der 430-jährigen Knechtschaft erinnern. Karpas ist ein grünes Kraut wie Petersilie, Sellerie oder Rettich und erinnert an die zermürbende Arbeit in Ägypten. Es wird in Salzwasser getaucht, welches die Tränen der Verzweiflung der Sklaven symbolisiert. Maror,

das sind Bitterkräuter, wie z. B. Chicoree, Endivien, Kerbel, Lattich oder Kren, erinnern an die bittere Zeit der Sklaverei. Zeroa, ein gebratener Lammknochen, an dem sich noch etwas Fleisch befindet, stellt das Opferlamm dar, welches die Juden vor ihrem Auszug schlachteten. In biblischen Zeiten brachten die Juden im Jerusalemer Tempel ein Pessachopfer dar; seit der Zerstörung des Tempels erinnert nur mehr der Knochen auf dem Sederteller daran. In manchen Familien wird statt des Lammknochens auch ein Geflügelknochen hingelegt. Beitzah, ein hart gekochtes Ei, repräsentiert ebenfalls das heilige Friedensopfer im Tempel. Auch dieses wird vor dem Essen in Salzwasser getaucht, laut Interpretation aus Trauer über die Zerstörung des Tempels. Charosset, eine süße Mischung aus Äpfeln, Früchten und Nüssen mit etwas Rotwein vermengt und von rotbrauner Farbe, erinnert an die Lehmziegel, die die israelitischen Sklaven am Ufer des Nils herstellen mussten, als sie die Pyramiden für den Pharao bauten. Aschkenasisches Charosset wird üblicherweise ohne Rosinen gemacht, sephardisches jedoch mit Rosinen und Datteln. Außerdem liegt auf einigen Sedertafeln noch das Chaseret dabei, ein Gemüse, das leicht bitter schmeckt, oder ein breitblättriger Salat, der jedoch nicht verzehrt wird. Im aschkenasischen Judentum sowie in Israel existiert für diese rituellen Speisen ein eigener Sederteller, in dem fünf oder sechs mit dem entsprechenden Begriff versehene Vertiefungen vorhanden sind. Diesen Sederteller gibt es von der einfachen Keramikvariante bis zur edel verzierten Silberversion. Auf einem Teller liegen drei Matzoth, in ein Tuch eingeschlagen, welches sie voneinander trennt. Sie sind ein Symbol für die Unterteilung des jüdischen Volkes. Die oberste Matzah symbolisiert die Kohen, die Tempelpriester, die mittlere die Leviten, die Tempeldiener, und die unterste das einfache Volk der Israeliten. Nach anderer Interpretation stehen die drei Matzoth für die drei Stammväter Abraham, Isaak und Jakob. Auf jeden Fall erinnern sie daran, dass die Juden vor ihrer Flucht keine Zeit hatten, den Brotteig zu säuern und aufgehen zu lassen. Das Familienoberhaupt bricht die mittlere Matzah in der Mitte entzwei und isst eine Hälfte, während er die andere, größere Hälfte beiseite legt. Dies ist der Afikoman, der erst nach der Mahlzeit an alle Anwesenden als Nachtisch verteilt wird. Das

Wort ist griechischen Ursprungs und bedeutet einerseits „Nachtisch", andererseits „der Kommende" und deutet auf die Messias-Erwartung des jüdischen Volkes hin. Sind Kinder in der Familie, müssen diese später den versteckten Afikoman suchen. Zuerst spricht der Vater den Kiddusch, den Segen über das erste Glas Wein – vier Gläser Wein werden insgesamt getrunken während des Abends. Dann waschen sich alle Anwesenden die Hände. Nach und nach werden die verschiedenen Speisen gegessen, die vier Gläser Wein getrunken. Kurz vor dem Ende wird eine Tür geöffnet, durch die der erwartete Prophet Elijah hereintreten kann, der Vorbote des Messias. Für ihn werden ein Stuhl und ein Glas Wein bereitgestellt. Der Sederabend erinnert an die göttliche Führung während des Auszuges, Errettung aus Gefangenschaft, Einheit des Volkes Israel und Rückkehr ins Gelobte Land. Seit der Zerstörung des Jerusalemer Tempels im Jahre 77 unserer Zeitrechnung leben die Juden in der Diaspora. Deshalb steht am Ende der Feier der Wunsch, in die Heimat zurückzukehren. „Und nächstes Jahr (feiern wir) in Jerusalem" lautet der abschließende Spruch, der von allen gemeinsam rezitiert wird. Damit ist nicht nur die Hoffnung auf Rückkehr ins Heilige Land im geografischen Sinn gemeint, sondern zugleich die Hoffnung auf zukünftigen Frieden und Freiheit.

Typische Speise für Pessach ist die Goldene Jouch mit Mazze-Knejdlach als Suppeneinlage. Die tischtennisballgroßen, festen Bällchen werden aus Mazzemehl hergestellt. Ebenfalls typisch sind verschiedene Speisen, die aus Matzoth hergestellt werden wie etwa der Mazzekugel oder Chremslach aus Mazzemehl. Aber auch der Spinatkugel, bei dem der Spinat mit Mazzemehl verrührt wird, passt zu Pessach. Ein aschkenasischer Klassiker ist natürlich Borscht, die Rote-Rüben-Suppe, die es in unzähligen Variationen gibt. Aber auch Gefilte Fisch, Zimmes, Hühnergerichte, gehackte Leber, Latkes, Kartoffelkugel etc. kommen an Pessach zu Ehren. In sephardischen Ländern wird meist Couscous mit Lammfleisch serviert. In Israel kommen verschiedene orientalische Spezialitäten von Chumus über Techina bis zu Baba Ganusch auf den Tisch. Das Ganze wird natürlich mit einer süßen, reichhaltigen Nachspeise beendet. Chag Sameach!

CHAROSSET ASCHKENASISCH
FÜR 4 PERSONEN

3 Äpfel
1 Tasse Mandeln
1 Tasse Rosinen
1–2 TL Zimt
1 EL süßer Rotwein

Die Äpfel reiben, die Mandeln überbrühen, abziehen und fein hacken, mit den Rosinen, dem Zimt und dem Rotwein mischen.

CHAROSSET SEPHARDISCH
FÜR 4 PERSONEN

2 Tassen Datteln
2 Tassen Wasser
2 Tassen Rosinen
½ Tasse Mandeln oder Nüsse
1 TL Zimt
2–4 EL süßer Rotwein

Datteln und Rosinen eine Stunden in Wasser einweichen, dann eine Stunde kochen lassen und im Mixer zerkleinern. Die Mandeln überbrühen, abziehen und fein hacken, mit der Dattel-Rosinen-Masse, dem Zimt und Rotwein vermischen.

MAZZE-KNEJDLACH

3 Eier
¾ Tasse Mazzemehl
Salz, Pfeffer
Ev. Petersilie
1 kleine Zwiebel
¼ Tasse kalte Hühnersuppe

Eier versprudeln und mit Mazzemehl, Salz und Pfeffer (und je nach Geschmack mit Petersilie) verrühren. Die fein gehackte Zwiebel kurz anschwitzen und dazugeben. Die Hühnersuppe hinzugießen und nochmals mischen. Eine Stunde in den Kühlschrank stellen. Kleine Bällchen formen und in leicht gesalzenem Wasser 20 Minuten köcheln lassen. Herausnehmen und in Suppenteller legen.

PESSACH

COUSCOUS MIT LAMM
FÜR 4 PERSONEN

100 g Kichererbsen
500 g Lammfleisch
3 EL Olivenöl
1 Zwiebel
1 EL Paradeismark
Salz, Pfeffer
½ TL Cumin (Kreuzkümmel)
1 l Wasser
250 g Erdäpfel
250 g Karotten
240 g Couscous
Etwas Suppe
1 rote u. 1 gelbe Paprikaschote
200 g Zucchini
2 EL Butter
Etwas Harissa (tunesische Gewürzpaste aus Chili,
Kreuzkümmel, Koriander, Knoblauch, Salz, Olivenöl, im Handel erhältlich)

Kichererbsen über Nacht einweichen und abgießen. Lammfleisch würfeln und in einem großen Topf in Olivenöl anbraten. Fein gehackte Zwiebel zugeben und dünsten. Paradeismark, Salz, Pfeffer und Cumin hinzufügen. Ein Liter heißes Wasser einfüllen, die Kichererbsen beigeben und 15 Minuten köcheln lassen.
Erdäpfel und Karotten schälen, klein schneiden und ebenfalls in den Topf geben. Den angefeuchteten Couscous in einem Dämpfeinsatz oder Küchensieb in den Topf hängen. Nach 20 Minuten den Couscous auflockern, mit etwas Suppe begießen und weitere 20 Minuten dünsten lassen.
Die Paprikaschoten und die Zucchini klein schneiden, in den Topf geben und nochmals 20 Minuten dünsten lassen. Den Couscous auflockern und etwas Butter unterheben.
Couscous mit der Lamm-Gemüse-Mischung servieren, etwas Harissa dazugeben.

PESSACH

BORSCHT
(ROTE-RÜBEN-SUPPE) FÜR 4 PERSONEN

1 Rote Rübe, 500 g Rindfleisch
250 g Weißkraut, 2 Erdäpfel
1 Karotte, 1 Wurzelpetersilie oder Knollensellerie
3 Zwiebeln, 2 EL Butter
4 Paradeiser, 1 rote Paprikaschote
1 EL Paradeismark, 1 EL Zucker
1 EL Dille, 1 EL Petersilie, Salz

Die Roten Rüben in Wasser 90 Minuten bei mäßiger Hitze garen. Abkühlen lassen, schälen und reiben. Das Rindfleisch in kochendes Wasser geben und garen, dann klein schneiden. Das in Streifen geschnittene Weißkraut in Wasser garen. Erdäpfel schälen und kochen. Rote Rüben, Karotten, Wurzelpetersilie und fein gehackte Zwiebeln zehn Minuten in Butter dünsten. Zerstampfte Erdäpfel, geschälte, entkernte und klein geschnittene Paradeiser, klein geschnittener Paprika, Paradeismark und Zucker zum Gemüse geben. Rindsuppe und Erdäpfelwasser hinzugießen. Weißkraut hineinstreuen und bei mittlerer Hitze aufkochen. Gehackte Dille und Petersilie hinzufügen, salzen und 15 Minuten ziehen lassen.

MAZZEKUGEL 1
FÜR 8 PERSONEN

4 Matzoth
600 g Erdäpfelpüree, 4 Eier
2 EL gedünstete Zwiebeln
Salz, Pfeffer, 200 g Spinat
2 EL Paradeismark, 70 g Öl
Etwas Paprikapulver

Die Matzoth anfeuchten, sodass sie etwas aufweichen. 200 Gramm Erdäpfelpüree (entspricht einem gefüllten Trinkglas) mit einem Ei, den gedünsteten Zwiebeln, Salz und Pfeffer verrühren. Backform einfetten, mit einer Matzah auslegen, das Erdäpfelpüree darübergeben und mit einer Matzah abdecken. Weitere 100 Gramm Erdäpfelpüree mit einem Ei, dem klein gehackten Spinat, Salz und Pfeffer verrühren, auf die Matzah streichen und mit einer weiteren Matzah abdecken. 200 Gramm Erdäpfelpüree mit einem Ei, Paradeismark, Salz und Pfeffer verrühren. Auf die Matzah geben und mit der letzten Matzah bedecken. 100 Gramm Erdäpfelpüree mit Ei, Salz, Pfeffer, Paprikapulver und Öl verrühren und auf die oberste Matzah streichen. Bei mittlerer Hitze ca. 40 Minuten im Rohr backen, bis die Kruste goldgelb ist.

MAZZEKUGEL 2
FÜR 8 PERSONEN

4–5 Matzoth
70 g Schmalz, Margarine oder Öl
4 Eier
Salz, Pfeffer
Etwas Ingwer
Etwas Mazzemehl

Die Matzoth in lauwarmem Wasser einweichen, dann gut ausdrücken. In einer feuerfesten Form das Fett erwärmen, die Form damit ausfetten und den Rest zu den Matzoth geben. Die versprudelten Eier mit Salz, Pfeffer, Ingwer und etwas Mazzemehl vermischen und dazugeben. Alles in die Form geben und bei mittlerer Hitze ca. ein bis zwei Stunden im Rohr backen.

SPINATKUGEL
FÜR 4–5 PERSONEN

750 g Spinat
200 g Reibekäse
400 g Cottagekäse
4 Eier
1 Tasse (Mazze-)Mehl
Salz, Pfeffer
Etwas Muskat
1 ½ EL Zitronensaft
Etwas edelsüßes Paprikapulver

Den gehackten Spinat auf mittlerer Hitze andämpfen, dann den Reibekäse so lange einrühren, bis der Käse geschmolzen und gut verteilt ist. Alle übrigen Zutaten – bis auf ein Viertel des Mehls – hinzufügen und verrühren. Eine feuerfeste Form einfetten, mit der Masse füllen und dem restlichen Mehl und Paprikapulver bestäuben. Mit Alufolie bedecken, im vorgeheizten Rohr auf 175 °C 35 Minuten backen, die Folie entfernen und zehn weitere Minuten backen.

MAZZESINSELKOCHBUCH

SCHAWUOTH

SCHAWUOTH

Schawuoth, das Wochenfest, wird sieben Wochen, d. h. 49 Tage nach Pessach gefeiert – also Mitte, Ende Mai. Die jüdischen Feiertage sind von ihrer Herkunft her geprägt durch den Rhythmus der Jahreszeiten und den damit verbundenen landwirtschaftlichen Tätigkeiten. Pessach war ursprünglich ein Erntedankfest, bei dem die ersten Feldfrüchte des Jahres gefeiert wurden. Die 49 Tage von Pessach bis Schawuoth werden rituell gezählt, das sogenannte Omer-Zählen. Der Begriff bedeutet „Garben zählen", weil in der Zeit vom Beginn der Gerstenernte bis zum Ende der Weizenernte die Getreidegarben gezählt wurden, von denen ein Teil im Tempel geopfert wurden. Denn Gott der Herr befahl: „Sieben Wochen sollst du zählen und damit anfangen, wenn man zuerst die Sichel an die Halme legt, und sollst das Wochenfest halten dem Herrn, deinem Gott, und eine freiwillige Gabe deiner Hand geben, je nachdem, wie dich der Herr gesegnet hat." (5. Buch Moses 16, 9–10). Das Omer-Zählen (Sefirat haOmer) ereignet sich wie folgt: Am zweiten Abend von Pessach, der als erster Tag gilt, wird gesprochen: „Heute ist ein Tag seit dem Omer". Am nächsten Tag wird gesagt: „Heute sind es zwei Tage seit dem Omer". Am achten Abend heißt es: „Heute sind es acht Tage, das sind eine Woche und ein Tag nach dem Omer." Anschließend wird ein Segensspruch gebetet. Die 49 Tage gelten als Trauer- und Fastenzeit, während der nicht geheiratet werden darf - außer am 33. Tag, dem Lag Ba Omer.

In der Zeit vor der Zerstörung des Jerusalemer Tempels 70 n. Chr. pilgerten die Bauern zu Schawuoth mit frisch gebackenen Broten aus Weizen und Gerste sowie Früchten der Obsternte (Trauben, Feigen, Granatäpfel, Oliven, Datteln) in die Stadt, um diese im Heiligtum darzubringen. Das Fest wurde von Tanz und Musik begleitet. Schawuoth ist das zweite der drei jüdischen Wallfahrtsfeste. Heute werden in Israel überall Erntefeste gefeiert, bei denen Landwirte in festlichen Umzügen Körbe mit Obst und Gemüse durch die Straßen tragen. In talmudischer Zeit (200 v. bis 500 n. Chr., die Zeit der Kanonisierung der hebräischen Bibel) wurde das Wochenfest mit der Offenbarung der Zehn Gebote bzw. der Thora verbunden. Deshalb heißt Schawuoth auch das „Fest der Thora-Gebung" (S'man Matan Toratenu). Es erinnert an die Übergabe der Zehn Gebote an Moses am Berg Sinai. Während der Wanderung der Israeliten durch die Wüste offenbarte Gott der Herr Moses die Zehn Gebote, die auf zwei Steintafeln eingemeißelt waren. 40 Tage und Nächte verbrachte Moses auf dem Berg Sinai.

Es ist Brauch, an Schawuoth sowohl die Häuser als auch die Synagoge mit grünen Zweigen und Blumen zu schmücken. Das Fest beginnt wie üblich am Erew Schawuoth, am Vorabend, mit dem Besuch der Synagoge. Im Gottesdienst wird aus dem 2. Buch Moses vorgelesen. Die Aschkenasen beginnen die Lesung mit dem auf Aramäisch verfassten Gedicht Akdamuth, das die Herrlichkeit Gottes und sein Geschenk der Thora besingt. Orthodoxe Juden bleiben die Nacht über wach, um die Thora und den Talmud zu studieren. Am nächsten Morgen besuchen die Familien den Gottesdienst, wobei häufig aus dem Buch Ruth vorgelesen wird, weil die Geschichte zur Zeit der Ernte und des Erntefestes spielt. Ruth war eine junge, verwitwete Frau aus Moabit, die sich ihrer alten jüdischen Schwiegermutter Naomi anschloss, als diese nach einer Hungersnot in ihre Heimat Israel zurückkehrte. Dort musste Ruth auf dem Feld die übrig gebliebenen Ähren einsammeln und wurde wegen ihres gütigen und bescheidenen Charakters von dem Richter Boas geheiratet. Sie wurde zur Stammmutter der jüdischen Könige. In der Auslegung ist Ruths Treue zu Naomi ein Symbol für Israels Verhältnis zu Gott und seine Annahme der Thora. Das Wochenfest wurde vom Christentum als Pfingsten weitergeführt.

Am ersten Tag von Schawuoth werden zuerst milchige Speisen gegessen, dann folgt nach einer Pause die Mahlzeit mit fleischigen Gerichten. Die zwei Mahlzeiten erinnern daran, dass im Jerusalemer Tempel zwei Laibe Brot aus den Erstlingen der Weizenernte geopfert wurden. Die Milchspeisen symbolisieren die Thora-Übergabe am Berg Sinai, denn das hebräische Wort für Milch ist „Chalav". Wenn man – entsprechend den Regeln der Kabbala – den numerischen Wert des Wortes Chalav errechnet, ergibt es 40. So viele Tage und Nächte hat Moses auf dem Berg Sinai verbracht, um die Thora zu empfangen. Gott hat den Israeliten versprochen, sie in ein Land zu führen, in dem Milch und Honig fließen (2. Buch Moses 3,8). Weiters wird die Thora mit Milch und Honig verglichen. Deshalb werden an Schawuoth süße milchige Speisen serviert, die vornehmlich mit Topfen zubereitet werden, wie Käseblintzes (mit Topfen gefüllte Palatschinken) oder Käsekuchen (Topfenkuchen). Eine Spezialität russischer Juden ist der Paschka, eine cremige Nachspeise aus einer Topfen-Obers-Mischung. Das Weiß des Topfens symbolisiert die Reinheit des mosaischen Gesetzes. Auch Lokschenkugel oder -pudding werden gerne gegessen. Weitere Favoriten für Schawuoth sind: Kreplach mit Topfen oder Käse gefüllt, Borscht mit Sauerrahm, Knisches mit Käse oder gehackter Hühnerleber sowie Piroggen (die polnische Version von gefüllten Teigtaschen). Der Bagel (auch Beigel, Bejgel, Beygel oder Baygl), je nach Quelle eine polnische oder Wiener Erfindung, wurde von osteuropäischen Juden in die USA überführt und trat von dort – nun gefüllt mit Frischkäse und Räucherlachs – seinen Siegeszug zurück nach Europa an. Zu seiner Herkunft gibt es verschiedene Aussagen. Die Legende besagt, dass erstmals ein jüdischer Bäcker in Wien 1683 das Germteiggebäck in Form eines Steigbügels hergestellt hat, als Dank an den polnischen König Jan Sobieski für die Befreiung von den Türken. Da der König ein passionierter Reiter war, sollte ihn der Steigbügel an seine geliebten Pferde erinnern. Das Wort Bagel käme demnach vom Begriff Bügel. Eine andere Quelle sagt, dass die erste schriftliche Erwähnung des Bagels 1610 in den Verordnungen der jüdischen Gemeinde von Krakau zu finden ist. Dort heißt es, dass man Bagels Wöchnerinnen und Hebammen als Glücksbringer schenken soll. Auch bei Beschneidungen und Begräbnissen war der Bagel ein beliebtes Geschenk. Das Loch in der Mitte hat vermutlich einen profanen Ursprung: damit wurden die Gebäckstücke auf einen Stock oder eine Schnur aufgezogen, damit man gleich mehrere transportieren konnte. Der Bagel, der keinen Anfang und kein Ende hat, soll den ewigen Kreislauf des Lebens symbolisieren. In den USA werden heute mit maschinell hergestellten Bagels Milliardenumsätze gemacht.

Ein weiterer Klassiker aus Osteuropa, genauer gesagt aus Rumänien und Ostgalizien, ist Mamaliga, bei uns besser als Polenta bekannt.

Der Maisgrießbrei wird mit Topfen oder Schafkäse gegessen. Bei sephardischen Juden sind Pasteten aus Phylloteig (Filo, Fillo oder Fila) sehr beliebt, es handelt sich um einen Strudelteig, der je nach Geschmack mit Lamm- oder Hühnerfleisch, Käse, Spinat oder Melanzani gefüllt wird. Als Nachtisch wird Sutlach, Reispudding serviert, der in der orientalischen Küche von Spanien bis nach Indien verbreitet ist.

LAG BA OMER

Am 33. Tag des Omer-Zählens findet der Lag Ba Omer statt, ein fröhliches Fest, an dem auch wieder geheiratet werden darf. Die einschränkenden Gebote, die während des Omer-Zählens gelten, sind an diesem Tag aufgehoben. Das Fest hat zwei Ursprünge. Zum einen den Bar-Kochba-Aufstand von 135 n. Chr. gegen die römischen Besatzer unter Kaiser Hadrian, an dem sich auch der berühmte Rabbi Akiba mit seinen Anhängern beteiligte. Entweder errangen er und seine Männer an diesem Tag einen Sieg oder eine tödliche Seuche, der viele zum Opfer fielen. Zum anderen erinnert das Fest an Rabbi Schimon ben Jochai, einen bedeutenden Schüler Rabbi Akibas, der an diesem Tag gestorben ist.

Auf der Insel Djerba in Tunesien verstecken Frauen in der Hoffnung auf Fruchtbarkeit gekochte Eier in einem Mauerloch der Synagoge. Außerdem werden an diesem Tag dreijährigen Jungen erstmals die Haare geschnitten – ab jetzt dürfen sie sich am Thorastudium beteiligen. Um ihnen diese Aufgabe zu versüßen, wird Honigkuchen serviert. In Israel wie in der Diaspora wird an Lag Ba Omer gegrillt, daher wird ein Schaschlik-Rezept vorgestellt.

SCHAWUOTH

BEJGEL/BAGEL
FÜR 15–20 STÜCK

1 TL Trockengerm
½ EL Zucker
1 Tasse Wasser
1 EL Butter
1 Tasse Milch
4 Tassen Mehl
1 TL Salz
1 Dotter
Sesam oder Mohn zum Bestreuen

Germ und Zucker in das lauwarme Wasser geben und an einer warmen Stelle einige Zeit stehen lassen. Butter in der heißen Milch auflösen, abkühlen lassen und zum Germ geben. Mehl und Salz hinzufügen und verrühren. Alles gut durchkneten und zugedeckt in einer eingefetteten Schüssel eine Stunde stehen lassen.
Nochmals alles durchkneten, aus dem Teig 15 cm lange Rollen formen und diese zu Kringeln zusammenlegen. (Man kann auch Semmeln formen und ein Loch in die Mitte machen). Weitere zehn Minuten gehen lassen. Dann die Bejgel portionsweise in siedendes Salzwasser geben und zugedeckt vier Minuten kochen lassen, zwischendurch wenden. Die Bejgel herausnehmen, abtropfen lassen, mit dem versprudelten Dotter bestreichen und mit Sesam oder Mohn bestreuen. Auf einem gefetteten Bachblech bei 180 °C im Backrohr 25 Minuten goldgelb backen.

Klassisch wird der Bejgel mit Frischkäse und Räucherlachs belegt.
Aber es sind auch andere Aufstriche zu empfehlen:

AVOCADO-EI-AUFSTRICH

1 Avocado
2 Frühlingszwiebeln
1 Ei
½ Zitrone
1 EL Mayonnaise
Salz, Pfeffer

Fruchtfleisch aus der halbierten Avocado herauslösen und zerdrücken. Frühlingszwiebeln klein schneiden, das Ei hart kochen und klein schneiden. Die Zitrone auspressen. Alle Zutaten miteinander vermischen.

TOPFEN-DILLE-AUFSTRICH

200 g Topfen
1 EL Sauerrahm
1 EL Dille
2 TL Zitronensaft
Salz, Pfeffer

Topfen und Sauerrahm verrühren und die übrigen Zutaten untermischen. Kühl stellen.

MAMALIGA 1
(MAISGRIESSBREI) FÜR 6–8 PERSONEN

1 ½ l Wasser
Salz
500 g Maisgrieß
Etwas Butter
Etwas Joghurt

Salzwasser zum Kochen bringen, Maisgrieß nach und nach einrühren, auf kleiner Flamme weiterkochen, dabei ständig rühren, bis ein zäher Brei entsteht. Ein Stück Butter und etwas Joghurt unterrühren.
Die jüdische Hausfrau (mit rumänischen, galizischen oder polnischen Vorfahren) serviert dazu Topfen, Hütten- oder Schafskäse. Ich persönlich gebe kurz vor dem Servieren ein Stück Gorgonzola oder anderen Edelschimmelkäse hinzu, damit der Brei würziger wird.

MAMALIGA 2
FÜR 2 PERSONEN

500 ml Milch
50 g Butter
112 g Maisgrieß
40 g Emmentaler
Salz
Etwas Muskat

Milch mit Butter kochen und den Maisgrieß unter Rühren zugeben. Auf niedriger Hitze unter ständigem Rühren weiterkochen. Den geriebenen Käse unterziehen, mit Salz und Muskat abschmecken.

SCHAWUOTH

KNISCHES
(GEFÜLLTE TEIGTASCHEN MIT GEHACKTER LEBER ODER KÄSEFÜLLUNG) FÜR 25–30 STÜCK

Für den Teig	Für die Erdäpfel-Hühnerleber-Füllung	Für die Käsefüllung
300 g Mehl	3 EL Schmalz oder Butter	250 g Hüttenkäse
1 TL Salz	2 Zwiebeln	2 EL Sauerrahm
2 TL Backpulver	25 g Schwammerl	2 EL Mazzemehl
2 EL Butter	400 g Hühnerleber	1 EL Zucker
1 Ei	500 g Erdäpfel	1 EL zerlassene Butter
150 ml Wasser	3 Eier, 50 g Mehl	2 Eier
125 g Schmalz oder Butter	1 TL Salz, ½ TL Pfeffer	1 EL gehackte Petersilie
1 Dotter	2 EL gehackte Zwiebeln	

Mehl, Salz und Backpulver vermischen, Butter, Ei und Wasser hinzugeben und den Teig so lange kneten, bis er fest ist. Eine Stunde kalt stellen. In der Zwischenzeit die Füllung vorbereiten.

Für die Erdäpfel-Hühnerleber-Füllung: Einen Esslöffel Schmalz in einer Pfanne zerlassen, die fein gehackten Zwiebeln darin andünsten. Die in Scheiben geschnittenen Schwammerl sowie die zerkleinerte Hühnerleber dazugeben und gar dünsten. Im Mixer oder in der Küchenmaschine pürieren und kaltstellen. Erdäpfel schälen, in Salzwasser kochen und zerstampfen. Das restliche Schmalz zerlassen, mit den Eiern, Mehl, Salz, Pfeffer und den gehackten Zwiebeln zum Erdäpfelbrei geben und gut vermischen. Aus dem Brei eine kleine Kugel formen, mit dem Finger ein Loch machen, etwas von der Hühnerlebermischung hineinfüllen und das Loch verschließen. 25 bis 30 Kugeln formen, diese – wie unten beschrieben – in die Teigkreise setzen und dann backen.

Für die Käsefüllung: Alle Zutaten sorgfältig vermischen. Wer die Füllung süß haben möchte, lässt die Petersilie weg und gibt stattdessen 45 Gramm Rosinen hinzu.

Den Teig nochmals kneten, auf einer bemehlten Fläche dünn ausrollen und Kreise mit 8 cm Durchmesser ausstechen. In die Mitte eine Portion von der Füllung setzen, den Teig zusammenklappen und die Ränder mit einer Gabel zusammendrücken. Die Butter auslassen und damit die Ränder bestreichen. Die Knisches mit dem versprudelten Dotter bestreichen und im vorgeheizten Rohr bei 190 °C 20 Minuten backen.

Manche bereiten den Knisches-Teig auch mit Germ oder aus Erdäpfelteig zu.

SCHAWUOTH

KÄSEBLINTZES
(PALATSCHINKEN MIT TOPFENFÜLLE) FÜR 4 PERSONEN

Für den Teig
150 g Mehl
1 EL Zucker
3 Dotter
50 g Butter
150 ml Milch, 150 ml Wasser
Öl oder Butter zum Braten

Für die Füllung
1 kg Topfen
4 EL Sauerrahm
2 Dotter
3 EL Zucker
1 TL Vanilleextrakt
Prise Salz

Mehl, Zucker, Dotter und Butter verrühren. Nach und nach Milch und Wasser dazugeben und zu einem glatten Teig verrühren. Diesen kalt stellen. Inzwischen alle Zutaten der Füllung miteinander vermischen. Öl oder Butter in der Pfanne heiß werden lassen, vier Esslöffel vom Teig in die Mitte geben und die Pfanne so bewegen, dass sich der Teig im Pfannenboden gleichmäßig verteilt. Ca. eine Minute bräunen lassen, dann wenden. Die Blintze aus der Pfanne nehmen, auf eine Warmhalteplatte stellen und den restlichen Teig verarbeiten. Danach die Topfenfüllung auf die Blintzes streichen, zusammenrollen oder zweimal falten. Nach Belieben mit Marmelade servieren.

PASCHKA
(TOPFENCREME) FÜR 4 PERSONEN

50 g Butter, 100 g Zucker
Vanilleextrakt oder 1 Pkg. Vanillezucker, 450 g Topfen
Schale von einer Orange, Schale von einer Zitrone
50 g kandierte Orangen und Zitronen (Orangeat, Zitronat)
50 g Mandeln, 50 g Rosinen, 225 g Schlagobers

Die Butter mit dem Zucker, einigen Tropfen Vanilleextrakt, dem Topfen, den geriebenen Orangen- und Zitroneschalen, den zerkleinerten kandierten Früchten, den gehackten Mandeln und den Rosinen im warmen Wasserbad gut verrühren. Schlagobers schlagen und vorsichtig unterrühren. Einen sauberen Blumentopf mit Loch (oder ein großes Küchensieb) mit einem feuchten Mulltuch (oder einer Stoffwindel) auslegen, die Masse einfüllen und mit dem Tuch bedecken. Mit einer Untertasse oder einem Brett abdecken und mit einem Gegenstand (z. B. einem Stein) beschweren. Den Topf so in eine Schale stellen, dass die Flüssigkeit abtropfen kann. Im Kühlschrank 24 Stunden abtropfen lassen. Anschließend auf einen Teller stürzen.

SCHAWUOTH

KÄSEKUCHEN
(TOPFENKUCHEN)

350 g Kekse
350 g Zucker
130 g Butter
350 g Frischkäse
3 Eier
1 TL Vanilleextrakt
Saft und Schale einer Zitrone
350 g Sauerrahm

Die Kekse zerbröseln, mit vier Esslöffeln Zucker und der Butter verrühren. Die Masse in eine gefettete Springform geben, an Boden und Rand andrücken und 30 Minuten kalt stellen. Frischkäse weich schlagen, Eier, 250 Gramm Zucker, Vanilleextrakt und Zitronensaft und -schale unterrühren. Die Mischung auf dem Teig verteilen und im vorgeheizten Rohr bei 190 °C 45 Minuten lang backen. Auskühlen lassen. Sauerrahm mit dem restlichen Zucker vermischen, auf dem Kuchen verteilen und fünf Minuten backen. Auskühlen lassen und kalt stellen.
Manche geben noch sechs Esslöffel Rosinen hinzu. Andere wiederum schneiden kleine Obststückchen in die Frischkäsemasse hinein. In Israel wird statt Frischkäse Gvina levana, ein weißer Käse vergleichbar unserem Topfen, verwendet.

SUTLACH
(REISPUDDING) FÜR 5 PERSONEN

150 g Langkornreis
300 ml Mandelmilch
250 ml Wasser, 1 EL Orangenschale
Safranfäden, 75 g Zucker
60 g Butter, 4 EL Rosenwasser
Etwas gemahlener Kardamom
50 g Mandelstifte

Reis eine Stunde in ausreichend Wasser einweichen. Abgießen, in einen Topf geben und mit dem Stampfer die Körner zum Brechen bringen. Mandelmilch, Wasser und Orangenschale hinzufügen und 40 Minuten köcheln lassen.
Die Safranfäden in wenig heißem Wasser auflösen. Zucker, Butter, Rosenwasser, Kardamom und Safran in den Reis unterrühren. Abkühlen lassen.
Die Mandelstifte anrösten und den Pudding damit garnieren.

TECHINA/TAHINI
(SESAMPASTE)

½ Tasse Sesam
2 Knoblauchzehen
½ Tasse Zitronensaft
Salz, Pfeffer
Wasser

Sesamsamen im Mörser zerstoßen, Knoblauchzehen fein hacken oder pressen und mit den restlichen Zutaten im Mixer vermischen. Nach und nach so viel Wasser zugeben, dass ein lockerer Brei entsteht.

Techina als Vorspeise mit etwas Olivenöl, Oliven und Petersilie servieren.

CHUMUS
(KICHERERBSENCREME)

200 g Kichererbsen
2 EL Speisenatron
Salz
2 Knoblauchzehen
Etwas Techina/Tahini (Sesampaste)
Saft von einer Zitrone
Pfeffer
Etwas Olivenöl
Schwarze Oliven für die Dekoration
Petersilie

Kichererbsen über Nacht einweichen, dann in frischem Wasser mit dem Natron zwei Stunden weich kochen, erst gegen Ende salzen. Wasser abgießen, die Kichererbsen trocknen. Mit dem zerdrückten Knoblauch, etwas Techina, dem Zitronensaft und dem Pfeffer im Mixer zu einer Creme verrühren. In eine Schüssel füllen, mit Olivenöl beträufeln und mit gehackter Petersilie und Oliven garnieren.

Man kann die Kichererbsen auch in der Dose kaufen, dann erspart man sich einweichen und kochen.

SCHAWUOTH

BABA GANUSCH
(MELANZANIPASTE)

2 Melanzani
60 ml Zitronensaft
60 ml Techina/Tahini (Sesampaste)
3 Knoblauchzehen
Salz, Pfeffer
2 EL Olivenöl
Petersilie
Oliven für die Dekoration

Melanzani mit einer Gabel einstechen, im vorgeheizten Backrohr bei 230 ºC 30 bis 40 Minuten backen, bis sie weich sind, dann abkühlen lassen. (Man kann sie auch auf einer Gasflamme grillen). Der Länge nach aufschneiden und das Fruchtfleisch herauslöffeln. Dieses im Mixer pürieren, Zitronensaft, Tachina, zerdrückter Knoblauch, Salz, Pfeffer und Olivenöl zufügen und gut vermischen. Zwei Stunden kühl stellen.

Zum Servieren etwas Olivenöl auf die Paste geben, mit gehackter Petersilie bestreuen und mit Oliven garnieren. Dazu schmeckt warmes Pitabrot.

SCHAWUOTH

SCHASCHLIK AUF ISRAELISCHE ART
FÜR 4–6 SPIESSE

2 EL Zitronensaft
1 Knoblauchzehe
2 TL Sa'atar (Gewürzmischung aus Thymian, Ysop,
Sesam, Sumach, Salz, Oregano, Majoran)
Salz, Pfeffer
5 EL Olivenöl
750 g Lammfleisch
1 rote, 1 gelbe, 1 grüne Paprikaschote
2 Zwiebeln

Zitronensaft mit einer fein gehackten Knoblauchzehe
und den Gewürzen vermischen, Olivenöl beifügen und verrühren.
Würfelig geschnittenes Lammfleisch untermengen,
mit der Marinade vermischen und über Nacht in den Kühlschrank stellen.
Paprikas und Zwiebeln in grobe Stücke schneiden.
Die Lammstücke zusammen mit den Paprika- und Zwiebelstücken
auf einen Spieß schieben und mit der Marinade bestreichen.
15 bis 20 Minuten grillen und mit der restlichen Marinade beträufeln.

SCHAWUOTH

FALAFEL
(FRITTIERTE KUGELN AUS KICHERERBSEN) FÜR 4 PERSONEN

300 g Kichererbsen, 1 Zwiebel
1 TL Speisenatron oder Backpulver
Salz, Pfeffer, etwas Paprikapulver
1 EL gemahlener Koriander
2 Knoblauchzehen, Petersilie
1 Ei
1 Tasse Semmelbrösel
Öl zum Backen

Die Kichererbsen über Nacht in Wasser einweichen, dann in Wasser kochen. Die Kichererbsen mit der fein gehackten Zwiebel, dem Natron, Salz, Pfeffer, Paprikapulver, gemahlenen Koriander, den zerdrückten Knoblauchzehen, der geschnittenen Petersilie, dem verquirlten Ei und den Semmelbröseln im Mixer oder mit dem Pürierstab zu einem Brei vermischen. Bei Bedarf etwas Kichererbsenwasser hinzufügen. Den Brei etwas stehen lassen. Aus der Masse mit nassen Händen kleine Kugeln formen. Diese in reichlich heißem Öl goldbraun backen, herausnehmen und auf Küchenpapier abtropfen lassen. Falafel wird meistens mit Techina serviert.

In orientalischen Geschäften kann man fertiges Falafel-Pulver kaufen, das man nur noch mit Wasser vermischen muss.

BULGUR-KICHERERBSEN-SALAT
FÜR 8 PERSONEN

575 g Kichererbsen
150 g Bulgur
125 g Olivenöl
125 ml Zitronensaft
Salz, Pfeffer
1 Bund Frühlingszwiebeln
1 Bund Petersilie, 150 g Karotten

Die Kichererbsen über Nacht einweichen, dann abgießen und weich kochen. Den Bulgur einweichen, dann abgießen, ausdrücken und weich kochen. Für die Marinade Öl, Zitronensaft, Salz und Pfeffer vermischen. Die Frühlingszwiebeln klein schneiden, die Petersilie fein hacken, die Karotten in feine Streifen schneiden. Alle Zutaten in die Marinade geben, vor dem Servieren durchmischen.

REZEPTREGISTER

Avocado-Ei-Aufstrich	140	Kubbe	65
Baba Ganusch	147	Latkes	110
Bejgel/Bagel	140	Latkes aus Challah	112
Borscht	132	Latkes aus Käse	112
Bulgur-Kichererbsen-Salat	150	Lekach	79
Challah	56	Lokschenkugel	80
Charosset aschkenasisch	130	Mamaliga	142
Charosset sephardisch	130	Marmorkuchen	92
Chumus	146	Mazzekugel	132, 134
Couscous mit Lamm	131	Mazze-Knejdlach	130
Couscous seffa	122	Mohn-Kichlach	120
Falafel	150	Mohnkuchen	120
Farfel	79	Mejrenkugel	78
Fluden	100	Mejrenzimmes	77, 78
Gefilte Fisch	58	Nunt	121
Gefüllte Weinblätter	99	Nunt mit Sesam und Nüssen	121
Gehackte Leber	56	Paschka	144
Goldene Jouch	57	Polnischer Karpfen	77
Gugelhupf	91	Rogalach	67
Hamantaschen	118	Rote-Rüben-Suppe	65
Holischkes	98	Schaschlik auf israelische Art	149
Kartoffelkugel	67	Spinatkugel	134
Kascha varnischkes	122	Sufganiot	110
Käseblintzes	144	Sutlach	145
Käsekuchen	145	Techina/Tahini	146
Kichalach	68	Teiglach	83
Kischke (gefüllter Hühnerhals)	64	Topfen-Dille-Aufstrich	142
Kischke (gefüllter Rinderdarm)	64	Tscholent	62
Knisches	143	Tscholent mit Gans	62
Kreplach	102	Zwetschkenkuchen	84

AUSGEWÄHLTE ADRESSEN

Restaurant Alef Alef
1010 Wien, Seitenstettengasse 2, Tel.: 535 25 30

Bäckerei Ohel Moshe
1020 Wien, Lilienbrunngasse 18, Tel.: 214 56 17

Fleischerei am Volkertmarkt
1020 Wien, Volkertplatz 4, Marktstand 61, 64,
Tel.: 214 96 50

Fleischerei Machsike Hadass
1020 Wien, Große Mohrengasse 19, Tel.: 216 66 40

Imbiss „Chez Berl"
(Fleischerei u. Imbiss Bernat Ainhorn)
1020 Wien, Große Stadtgutgasse 7, Tel.: 216 66 40

Koscher Fleisch & Imbiss Abraham Davidov
1020 Wien, Karmelitermarkt 29–39, Tel.: 214 50 23

Koschere Weine aus Israel: Importeur Fa. Gross
1020 Wien, Nickelgasse 1, Tel.: 214 06 07

Pizzeria Milk & Honey
1020 Wien, Kleine Sperlgasse 7, Tel.: 212 81 69

Restaurant Bachur-Tov
1020 Wien, Taborstraße 19, Tel.: 0699/195 77 129
oder 0676/847 761 200

Restaurant Simchas
1020 Wien, Taborstraße 47, Tel.: 218 28 33

Supermarkt Hadar
1020 Wien, Krummbaumgasse 12, Tel.: 958 07 74

Supermarkt Kosherland
1020 Wien, Kleine Sperlgasse 6, Tel.: 219 68 86

Supermarkt Ohel Moshe
1020 Wien, Hollandstraße 10, Tel.: 216 96 75

Supermarkt Rafael Malkov
1020 Wien, Tempelgasse 8, Tel.: 214 83 94

ISRAELISCHE KÜCHE:
Restaurant Maschu Maschu
1010 Wien, Rabensteig 8, Tel. 533 29 04
www.maschu-maschu.at

Restaurant Maschu Maschu II + Maschu Express
1070 Wien, Neubaugasse 20, Tel. 990 47 13

Restaurant Neni (israelische, orientalische und
mediterrane Küche, nicht koscher)
1060 Wien, Naschmarkt 510, Tel. 585 20 20
www.neni.at

Restaurant Sababa
1010 Wien, Rotenturmstraße 19, Tel. 533 18 74
www.sababa.at

SONSTIGE:
stadtTheater walfischgasse
1010 Wien, Walfischgasse 4, Tel. 512 42 00

Books 'n Bagels
1010 Wien, Judengasse 11, Tel. 533 63 62

LITERATURHINWEISE

Amster, Linda u. Mimi Sheraton: The New York Times Jewish Cookbook: More than 825 Traditional & Contemporary Recipes from Around the World. St. Martin's Press 2002.

Beckermann, Ruth: Die Mazzesinsel: Juden in der Wiener Leopoldstadt 1918–1938. Löcker Verlag 1992.

Buber, Martin: Die Erzählungen der Chassidim. Manesse Verlag 1990.

Das jüdische Kochbuch. Komet Verlag 2002.

Dolezalova, Jana u. Alena Krekulova: Jüdische Küche. Dausien Verlag 1996.

Haumann, Heiko: Geschichte der Ostjuden. Dtv 1998.

Hyman, Clarissa u. Peter Cassidy: Die jüdische Küche. 110 Rezepte und Geschichten aus aller Welt. Christian Verlag 2004.

Landmann, Salcia: Jüdische Witze. Ausgewählt und eingeleitet von Salcia Landmann. Dtv 1994.

Landmann, Salcia: Die Jüdische Küche: Rezepte und Geschichten. Kosmos Verlag 2006.

Meir Lau, Israel: Wie Juden leben: Glaube – Alltag – Feste. Hg. Schaul Meislisch. Gütersloher Verlagshaus 2001.

Milchram, Gerhard (Hg.): Wiener Jahrbuch für jüdische Geschichte, Kultur & Museumswesen. Über das Mittelalter. Folio Verlag 2000.

Och, Gunnar: „Schalet schöner Götterfunken". Heinrich Heine und die jüdische Küche. In: J. A. Kruse; B. Witte; K. Füllner (Hrsg.): Aufklärung und Skepsis. Internationaler Heine-Kongreß 1997. Metzler Verlag, 1999.

Roden, Claudia: The Book of Jewish Food: An Odyssey from Samarkand and Vilna to the Present Day. Penguin Books Ltd 1999.

Gewidmet meiner Vorfahrin Rahel Sindermann

Vielen Dank für die Unterstützung von:
Rita Dauber (WIZO)
Renate Erbst (Ohel Rachel)
Dr. Martha Keil (Institut für jüdische Geschichte Österreichs)
Rami Langer
Dr. Eleonore Lappin
Danuta Nimführ
Gabriele und Peter Teichner

Aus den beinahe unzähligen verschiedenen Schreibweisen der jiddischen und hebräischen Begriffe haben wir die gängigsten ausgewählt und diese der Einheitlichkeit halber im gesamten Buch beibehalten.

© 2009 Metroverlag
Verlagsbüro W. GmbH
www.metroverlag.at
Alle Rechte vorbehalten
Druck: Wograndl Druck
Printed in the EU
ISBN 978-3-902517-89-0

Coverabbildungen:
oben: © IMAGNO/Austrian Archives
unten: ©David Woolfenden/fotolia.de